高等医药院校基础医学实验教学系列教材

人体解剖学实践

（上册）

主　　编　王　玮　赵小贞

副 主 编　黄海辉　徐剑文

编　　委　（按姓氏笔画排序）

王　玮　王凤娟　叶祥光　朱　珠　庄跃宏
吴云霞　邱荣晖　宋　斌　张　更　陈少强
陈春鹏　范小兰　林　清　林如英　林穗金
罗道枢　郑　鸣　赵小贞　徐剑文　徐榕清
郭　玮　黄海辉　黄登清

标本制作　陈春鹏　张　更　徐榕清　邱荣晖

绘　　图　叶祥光

秘　　书　宋　斌

科 学 出 版 社

北　京

内 容 简 介

《人体解剖学实践》是以我校临床医学本科的系统解剖学和局部解剖学教学大纲为基础,参考医师资格考试要求编写。全书分为上下两册。本书为上册系统解剖学部分。每一章节中,“学习要求”分为“掌握”和“了解”两级;“验证性学习”或“解剖与验证”着重于实地观察和解剖标本;“思考题”中有一些探索性的问题,不提供参考答案,以便给学生留下思考的空间。同时,在每一章节中,结合解剖学内容从临床医学、人类学和比较解剖学给予拓展事例。

本书是供医学和相关专业的本科生作为学习人体解剖学辅导和补充教材,文字叙述和图解尽量避免与教科书重复,以利于学生全面系统地复习所学知识。

图书在版编目(CIP)数据

人体解剖学实践. 上册 / 王玮,赵小贞主编. —北京:科学出版社,2013.11

高等医药院校基础医学实验教学系列教材

ISBN 978-7-03-039126-1

Ⅰ.①人… Ⅱ.①王… ②赵… Ⅲ.①人体解剖学-医学院校-教材 Ⅳ.①R322

中国版本图书馆 CIP 数据核字(2013)第 270176 号

责任编辑:胡治国 / 责任校对:郑金红

责任印制:赵　博 / 封面设计:范璧合

科学出版社 出版

北京东黄城根北街 16 号

邮政编码: 100717

http://www.sciencep.com

涿州市般润文化传播有限公司印刷

科学出版社发行　各地新华书店经销

*

2014 年 1 月第 一 版　开本: 787×1092 1/16

2024 年 8 月第十次印刷　印张: 8 1/4

字数: 190 000

定价: 55.00 元

(如有印装质量问题,我社负责调换)

前　　言

人体解剖学是医学教育的基础主干课程，是联系基础医学和临床医学的桥梁学科。我们以我校临床医学本科的“系统解剖学”和“局部解剖学”教学大纲为基础，参考医师资格考试要求编写《人体解剖学实践》，主要是供医学和相关专业的本科生作为学习“人体解剖学”的辅导和补充教材。

在编写的过程中，我们借鉴 PBL 的理念，贯穿学习-验证-创新的教学精髓；突出教学重点和难点，夯实基础，加强学生实践动手的能力；提出问题，加深学生对人体结构的认识，激发创新性思维。同时，文字叙述和图解尽量避免与教科书重复。

本教材为上册系统解剖学部分。每一章节中，“学习要求”分为“掌握”和“了解”两级；“验证性学习”或“解剖与验证”着重于实地观察和解剖标本；在“思考题”中，我们秉承“教育不是灌输，而是点燃火焰”的精神，尝试编写一些探索性的问题，避免简单的叙述。

本教材的编写凝集福建医科大学人体解剖学教学团队 70 余年的教学经验和各位编者的多年教学心得；全书实物标本是本团队成员精心制作，插图和图片由福建美术家协会会员叶祥光老师绘制或润色完成。

由于编者能力和水平有限，书中难免有不足之处，期待读者和同行提出宝贵意见，以便修改完善。

编　者

2013 年 9 月 1 日

目　　录

第一部分　运动系统

第一章　骨学 ………………………………………………………… (1)
　第一节　总论 ………………………………………………………… (1)
　第二节　躯干骨 ……………………………………………………… (3)
　第三节　颅骨 ………………………………………………………… (4)
　第四节　上肢骨 ……………………………………………………… (7)
　第五节　下肢骨 ……………………………………………………… (8)
第二章　关节学 ……………………………………………………… (11)
　第一节　总论 ………………………………………………………… (11)
　第二节　躯干骨的连结 ……………………………………………… (13)
　第三节　颅骨的连结 ………………………………………………… (15)
　第四节　上肢骨连结 ………………………………………………… (16)
　第五节　下肢骨连结 ………………………………………………… (18)
第三章　肌学 ………………………………………………………… (21)
　第一节　头颈肌 ……………………………………………………… (21)
　第二节　躯干肌 ……………………………………………………… (23)
　第三节　上肢肌 ……………………………………………………… (25)
　第四节　下肢肌 ……………………………………………………… (28)

第二部分　内　脏　学

第四章　消化系统 …………………………………………………… (32)
第五章　呼吸系统 …………………………………………………… (39)
第六章　泌尿系统 …………………………………………………… (44)
第七章　生殖系统 …………………………………………………… (48)
　第一节　男性生殖系统 ……………………………………………… (48)
　第二节　女性生殖系统 ……………………………………………… (51)
第八章　腹膜 ………………………………………………………… (56)
第九章　内分泌系统 ………………………………………………… (60)

第三部分　脉管系统

第十章　心血管系统 ………………………………………………… (62)
　第一节　心 …………………………………………………………… (62)
　第二节　动脉 ………………………………………………………… (69)
　第三节　静脉 ………………………………………………………… (74)
第十一章　淋巴系统 ………………………………………………… (79)

第四部分　感　觉　器

第十二章　视器 ……………………………………………………………………（83）
第十三章　前庭蜗器 ………………………………………………………………（87）

第五部分　神经系统

第十四章　中枢神经系统 …………………………………………………………（90）
　第一节　脊髓 ……………………………………………………………………（90）
　第二节　脑 ………………………………………………………………………（91）
第十五章　周围神经系统 …………………………………………………………（99）
　第一节　脊神经 …………………………………………………………………（99）
　第二节　脑神经 …………………………………………………………………（107）
　第三节　内脏神经系统 …………………………………………………………（112）
第十六章　神经系统传导通路 ……………………………………………………（115）
第十七章　脑和脊髓被膜、血管、脑脊液循环 ……………………………………（120）
　第一节　脑和脊髓被膜 …………………………………………………………（120）
　第二节　脑和脊髓血管 …………………………………………………………（122）
　第三节　脑脊液循环 ……………………………………………………………（124）

第一部分　运动系统

第一章　骨　　学

第一节　总　　论

一、学习要求

（1）掌握骨的分类和构造。
（2）了解骨的理化特性。
（3）了解骨的生长发育。

二、验证学习标本

（1）全身骨骼支架。
（2）纵行剖开的股骨和顶骨(显示骨松质、骨密质)。
（3）骨髓涂片标本、煅烧骨、脱钙骨。
（4）新鲜动物股骨。
（5）幼儿骨学 X 线平片(显示干骺端)、成人骨学 X 线平片。
（6）长骨、短骨、扁骨和不规则骨。

三、注意事项

（1）煅烧骨骨质松脆,应轻拿轻放,勿用劲拿捏,以免破碎。
（2）骨骼支架是人工穿制连接而成,注意不要在骨的连接处暴力扭转,以免造成断裂。

四、验证性学习

（一）骨的分类

成人有 206 块骨(表 1-1)。

表 1-1　成人骨的数量

名称	数量	名称	数量
躯干骨	51 块(椎骨 24 块,肋骨 12 对,胸骨、骶骨和尾骨各 1 块)	下肢骨	62 块(下肢带骨 1 对,自由下肢骨 30 对)
颅骨	23 块(脑颅骨 8 块,面颅骨 15 块)	听小骨	6 块(在感觉器部分叙述)
上肢骨	64 块(上肢带骨 2 对,自由上肢骨 30 对)	合计	206 块

按形态骨可分为 4 类。

1. 长骨 长管状,两端膨大称为骺,中间的体称为骨干。长骨分布于四肢,运动时,可起杠杆作用。

骺软骨 骨干与骺相邻的部位称干骺端,在幼童时有一片软骨,称为骺软骨;在摄片时,X 射线可以穿透。成年后,骺软骨骨化,在骨干和骺之间留有一骺线(图 1-1)。

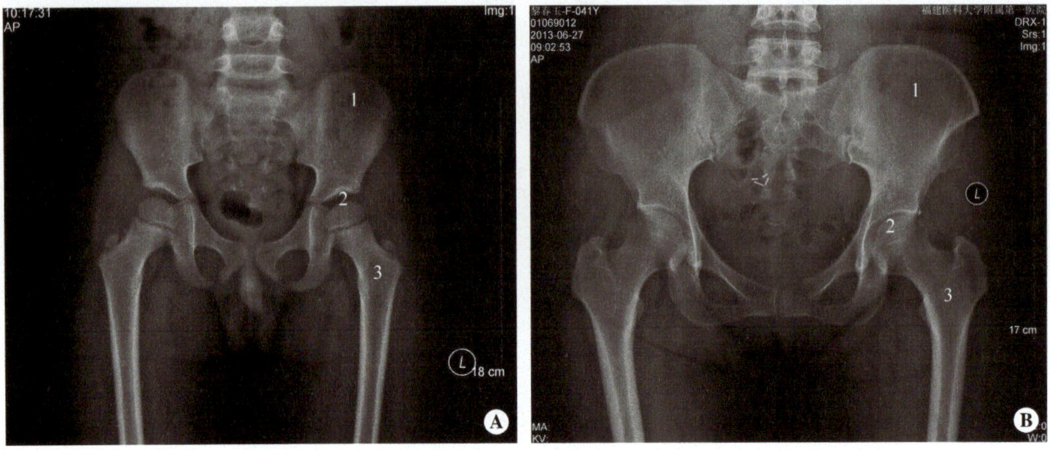

图 1-1 骨学 X 线平片

A. 幼儿骨学 X 线平片(男):1. 髋骨;2. 干骺端(半透明);3. 股骨

B. 成人骨学 X 线平片(女):1. 髋骨;2. 干骺端(骨化);3. 股骨

骨龄 骨龄是生物学年龄之一,借助于骨骼(主要是腕骨和桡尺骨下端的骨化中心及干骺端)在 X 线平片中的特定图像评价发育程度,确定骨龄。

2. 短骨 多呈立方体,多位于既要运动又需负重的部位。

3. 扁骨 板状,参与围成体腔的壁,起到保护和支撑作用。

4. 不规则骨 形态不规则。

(二) 骨的结构

1. 骨膜 取新鲜的动物股骨,用解剖刀在骨膜表面做“十”字切口,持镊子一边慢慢剥离骨膜,一边观察骨膜与骨面的关系;骨膜剥离至骨的干骺端,观察骨膜与关节面的关系。

2. 骨质 纵行锯开新鲜的动物股骨,和已剖开的股骨,观察和辨识骨密质、骨松质和骨小梁,注意骨小梁的排列走向。

在已剖开的顶骨上,观察内板、外板和板障,注意内板、外板的差异。

3. 骨髓和骨髓腔 观察剖开的新鲜动物股骨的骨髓腔,辨认分布在骨髓腔和骨松质内骨髓的差异。在骨髓腔的剖面,持镊子剥离内骨膜,注意内骨膜与骨面的关系。

(三) 骨的理化特性

观察煅烧骨和脱钙骨,理解骨质成分中的有机质和无机质作用。

青枝骨折　青枝骨折(greenstick fracture)多见于儿童,仅有部分骨质断裂,如青嫩的树枝被折断状的一类骨折(图1-2)。

(王　玮)

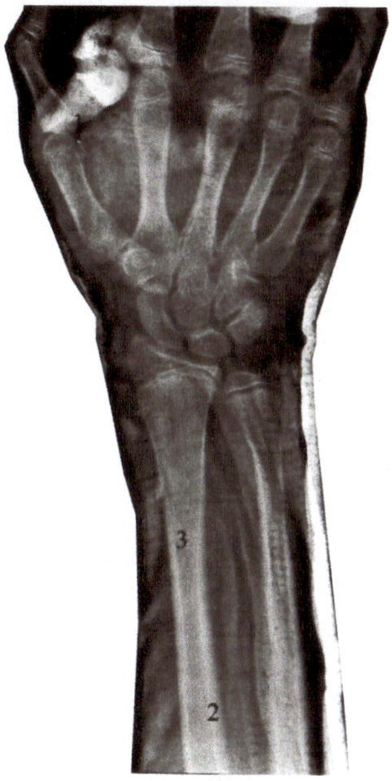

图1-2　青枝骨折
1. 尺骨;2. 桡骨;3. 骨折点

第二节　躯　干　骨

一、学习要求

(1) 掌握躯干骨的组成。
(2) 掌握椎骨的一般形态和各部椎骨的主要特征。
(3) 掌握胸骨的形态和分部、胸骨角的特征和临床意义。
(4) 掌握肋的组成和分类、肋骨的一般形态和结构。
(5) 了解躯干骨的骨性标志。
(6) 了解第1肋、第11肋和第12肋的形态特征。

二、验证学习标本

(1) 各分离椎骨:颈椎、胸椎、腰椎、骶骨和尾骨。
(2) 胸骨和肋骨。

三、注意事项

(1) 观察骨骼标本时,对照教材插图,准确地将其放在解剖学方位上,即分清上、下、前、后、左、右各方向,因为结构的位置是以解剖学方位为基础的。
(2) 在活体上摸认各重要的骨性标志。

四、验证性学习

(一) 躯干骨的构成

躯干骨共51块,包括26块脊柱骨(24块椎骨、1块骶骨和1块尾骨)、1块胸骨和12对肋骨,它们分别参与构成脊柱、骨性胸廓和骨盆。

(二) 椎骨的形态特点

1. 椎骨的一般形态　椎骨包括椎体和椎弓两部分。椎体背面微凹陷,与椎弓共同围成椎孔。椎弓紧连椎体缩窄的部分称椎弓根,根的上下缘分别为椎上切迹和椎下切迹,相邻椎骨的上、下切迹构成椎间孔。由椎弓发出7个突起:棘突(1个)、横突(1对)和关节突(2对)。

2. 各部椎骨的主要特征 见表1-2所述。

表1-2 各部椎骨的主要特征

椎骨	椎体	椎弓			椎孔
		棘突	横突	关节突	
颈椎	横断面呈椭圆形,第3~7颈椎有椎体钩	第2~6颈椎棘突短,末端分叉	横突孔	关节面呈水平位	较大,呈三角形
胸椎	两侧面后份有上、下肋凹	较长,呈叠瓦状斜向后下	横突肋凹	关节面呈冠状位	较小,呈圆形小,呈卵圆形或三角形
腰椎	椎体粗壮,横断面呈肾形	呈板状,矢状位水平后伸		关节突粗大,关节面呈矢状位	

成人骶骨由5个骶椎融合而成,呈底向上尖向下的三角形的形态,前面光滑凹陷,后面粗糙不平,骶骨上端宽阔部为骶骨底,其前缘中部向前突出称骶骨岬,为女性骨盆测量的重要标志。骶骨尖向下与尾骨相接。骶骨两侧上方有耳状面,与髋骨的耳状面构成骶髂关节。骶骨前面和后面分别有4对骶前孔和骶后孔,分别有脊神经通过。骶骨内有纵贯骶骨的骶管,其上端与椎管相通,向下开口于骶管裂孔。在骶管裂孔下部两侧各有一向下突起的骶角,可在活体触到,是临床骶管麻醉时寻找骶管裂孔的骨性标志。

(三) 胸骨的构成及特点

胸骨自上而下分胸骨柄、胸骨体和剑突。胸骨柄和体连接处微向前突,称胸骨角,可在体表扪及。

(四) 肋骨的构成及分类

肋骨有12对,为扁骨,包括肋头、肋颈、肋结节等。区别真肋、假肋和浮肋。

第三节 颅 骨

一、学习要求

(1) 掌握脑颅和面颅诸骨的名称和位置。
(2) 掌握眶、骨性鼻腔的位置和形态。
(3) 掌握鼻旁窦的位置及开口。
(4) 掌握颅底内面观、外面观的形态结构,与神经、血管有关的孔和裂。
(5) 掌握颅骨侧面观的结构:翼点、颞窝、颞下窝和翼腭窝。
(6) 了解颅骨的重要骨性标志:下颌角、颧弓、乳突和枕外隆突。
(7) 掌握新生儿颅的特征。
(8) 了解颅的顶面观、前面观和侧面观。

二、验证学习标本

(1) 完整颅骨和分离颅骨。

（2）颅底的内面和外面、颅骨矢状面。

（3）新生儿颅骨。

三、注意事项

（1）观察整颅时，切勿用手指插入眼眶拿捏颅骨，避免弄碎菲薄的眼眶内壁。正确的手法应该用手托住颅底，手指伸入枕骨大孔协助固定；操作时最好使用双手。

（2）颅正中矢状切面在鼻腔外侧壁十分菲薄，注意轻拿轻放。

（3）观察分离颅骨时，随时对照整颅观察，才能充分理解分离颅骨在整颅上的位置。

（4）注重颅的整体观和一些局部结构，如前面观观察时注意眼眶的构成、鼻腔外侧壁的结构、硬腭的构成。在观察颅底的上面和下面时，注重一些孔裂的通向，可用细丝（如细的枝条或塑料管）体会孔裂的走向。

四、验证性学习

（一）颅骨的构成

颅骨共23块。脑颅骨8块：成对的顶骨、颞骨和不成对的额骨、枕骨、蝶骨和筛骨；面颅骨15块：成对的上颌骨、腭骨、颧骨、鼻骨、泪骨、下鼻甲和不成对的下颌骨、犁骨、舌骨。

（二）脑颅骨

1. 额骨　分额鳞、眶部和鼻部三部分，额鳞眉弓的深面有额窦。

2. 枕骨　前下部有枕骨大孔，将枕骨分为基底部、枕鳞和两侧部。枕骨外面可见枕外隆凸和枕髁等，内面见“十”字形隆起交会于枕内隆凸。

3. 蝶骨　分大翼、小翼、体和翼突四部分。体内有蝶窦，向前开口于蝶筛隐窝，体上面可见垂体窝等。小翼从体的前上份发出，呈三角形，与体的交界处有视神经管。大翼由体两侧向外上方发出，分大脑面、眶面和颞面，根部由前向后有圆孔、卵圆孔和棘孔。大翼与小翼间的裂隙为眶上裂。

4. 筛骨　分筛板、垂直板和筛骨迷路三部分，筛板构成鼻腔的顶，垂直板与犁骨组成骨性鼻中隔，筛骨迷路内有筛窦；迷路内侧壁两个卷曲的小骨片，即上鼻甲和中鼻甲。

5. 顶骨　成对，顶骨后份矢状缝两侧各有一个顶孔。

6. 颞骨　成对，分鳞部、鼓部和岩部三部分。

（三）面颅骨

1. 下颌骨　分一体两支。

> **下颌骨**　老年人由于牙齿脱落，“不用则废”，造成下颌骨牙槽突消失（图1-3）。

2. 上颌骨　成对，包括一体（上颌体）四突（额突、颧突、腭突和牙槽突）。

> **“日本人骨”**　福建省闽侯县昙石山新石器文化遗址（距今4000～5500年），137号墓的年轻女性，左侧颧骨分为上下两部分，被称为“日本人骨”。因此，人类学家认为日本人种也有可能要追溯到昙石山人（图1-4）。

图 1-3　下颌骨

A. 正常成年人下颌骨:1. 下颌头;2. 下颌颈;3. 冠突;4. 牙槽;5. 下颌支

B. 老年人下颌骨(牙槽突消失):1. 髁突;2. 冠突;3. 颏孔;4. 下颌体;5. 下颌支

图 1-4　昊石山 134 号颅骨(日本人骨)

1. 左侧颧骨;2. 上颌骨;3. 下颌骨;4. 右侧颧骨

(四) 颅的整体观

1. 颅的前面观　重点观察眶和骨性鼻腔的构成。眶为底朝前外,尖向后内的一对四棱锥形腔。在尖部识别视神经管,在眶上壁前外侧部确认泪腺窝,在眶内侧壁下部观察泪腺窝通过鼻泪管与鼻腔交通,在眶下壁辨认眶下裂、眶下沟和眶下管等,在眶外侧壁和上壁交界处辨认眶上裂。观察骨性鼻腔的外侧壁,辨认上、中、下鼻甲及相应上、中、下鼻道;确认蝶筛隐窝。

2. 颅的顶面观　观察冠状缝、矢状缝和人字缝。

3. 颅的侧面观　区分颞窝和颞下窝。

4. 颅底的内面观

(1) 由额骨、蝶骨小翼和筛骨筛板构成颅前窝,辨认额嵴、鸡冠和盲孔等结构。

(2) 由蝶骨大翼和颞骨岩部等构成颅中窝,观察蝶骨体上面中央凹陷的垂体窝(容纳脑垂体)和窝前方的交叉沟(容纳视交叉),交叉沟向两侧经视神经管通眶。

(3) 由枕骨和颞骨岩部构成颅后窝,确认枕骨大孔及其前外侧的舌下神经管,辨认枕骨大孔后部横行的横窦沟,向前延续为乙状窦沟,终于颈静脉孔。

5. 颅底的外面观　颅底外面高低不平,孔裂甚多,通过两侧关节结节的连线将其分为前、后两区。

(1) 在前区内寻找骨腭正中的腭中缝,其前端的切牙孔和后两侧的腭大孔,在骨腭后方确认鼻后孔和翼突内、外侧板,找寻卵圆孔和棘孔。

(2) 在后区内辨认枕骨大孔、枕髁、舌下神经管外口和髁管开口,在枕髁外侧辨认颈静脉孔、颈动脉管外口、茎突、茎乳孔、下颌窝和破裂孔等。

（五）新生儿颅

辨认新生儿颅的颅囟：前囟，冠状缝和矢状缝会合处，呈菱形，一般出生后1～2岁闭合；后囟，矢状缝和人字缝会合处，呈三角形，生后不久即可闭合。了解蝶囟和乳突囟。

第四节 上 肢 骨

一、学 习 要 求

（1）掌握上肢带骨的位置和形态。
（2）掌握肱骨、尺骨和桡骨的位置和形态，掌握其主要结构。
（3）掌握腕骨的名称和排列顺序。
（4）了解上肢骨重要的骨性标志。
（5）了解手骨的分部，各骨的形态和结构。
（6）了解上肢骨常见变异和畸形。

二、验证学习标本

（1）全身整体骨骼支架。
（2）锁骨、肩胛骨、肱骨、尺骨、桡骨和手骨。

三、注 意 事 项

（1）观察时，按照内容的描述和骨的特点先明确是左侧还是右侧，把骨置于标准解剖学位置，对照完整骨架观察，了解骨的结构和在整体中的位置。

（2）在观察上肢骨形态时，应以结构与功能相结合的观点，认识上肢骨的结构适应灵活和快捷运动的功能。

四、验证性学习

（一）上肢骨的构成

上肢骨共64块，包括上肢带骨和自由上肢骨。

（二）上肢带骨

1. 锁骨 呈水平“S”形，位于胸廓上方，分一体（锁骨体）两端（胸骨端和肩峰端）。

2. 肩胛骨 位于胸廓后外面，呈三角形，分两面（腹侧面和背侧面）三缘（上缘、内侧缘和外侧缘）。

（三）自由上肢骨

自由上肢骨形态特征见表1-3。

表 1-3　自由上肢骨的形态特征

自由上肢骨	近端	干	远端
肱骨	肱骨头,解剖颈,大、小结节和结节间沟,大、小结节嵴和外科颈	上半部呈圆柱形;下半部呈三棱柱形。中部外侧有三角肌粗隆,后面中部有桡神经沟	肱骨滑车,肱骨小头,冠突窝、桡窝和鹰嘴窝,内上髁和外上髁,尺神经沟
尺骨	鹰嘴、滑车切迹、冠突和桡切迹、尺骨粗隆	上段粗,下段细,外缘锐利为骨间缘	尺骨头和尺骨茎突
桡骨	桡骨头,关节凹,环状关节面。桡骨颈和桡骨粗隆	呈三菱柱形,内侧缘薄锐为骨间缘	尺切迹、桡骨茎突和腕关节面
腕骨(8 块)	近侧列:手舟骨、月骨、三角骨和豌豆骨	—	远侧列:大多角骨、小多角骨、头状骨和钩骨
掌骨(5 块)	掌骨底	—	掌骨头
指骨(14 节)	指骨底	—	指骨滑车、远节指骨粗隆

外科颈　外科颈在形态学上与体没有明显的界限。在骨学的构筑上,外科颈是骨密质与骨松质移行的部位,骨质薄弱,易发生骨折。

第五节　下　肢　骨

一、学 习 要 求

(1) 掌握髋骨的位置、组成和形态。
(2) 掌握股骨、胫骨及髌骨的位置和形态。
(3) 掌握跗骨的名称,了解排列顺序。
(4) 了解下肢骨重要的骨性标志。
(5) 了解髌骨的位置。
(6) 了解跖骨和趾骨的分部、形态和位置。
(7) 了解下肢骨常见的变异和畸形。

二、验证学习标本

(1) 全身整体骨骼支架。
(2) 髋骨、股骨、髌骨、胫骨、腓骨和足骨。
(3) 骨盆。

三、注 意 事 项

(1) 观察时,按照内容的描述和骨的特点先明确是左侧还是右侧,把骨置于标准解剖学位置,对照完整骨架观察,了解骨的结构和在整体中的位置。

(2) 下肢骨的形态适应了稳定、负重和兼具一定程度灵活性的功能;在观察时,应与上肢骨相对应部位骨进行比较，如肩胛骨与髋骨、肱骨与股骨、前臂骨与小腿骨、手骨与足骨。

四、验证性学习

(一) 下肢骨的构成

下肢骨共62块，包括下肢带骨和自由下肢骨。

(二) 下肢带骨

髋骨属不规则骨，由髂骨、耻骨和坐骨构成，汇合于髋臼。了解耻骨联合的形成。

(三) 自由下肢骨(表1-4)

自由下肢骨的形态特征见表1-4。

表1-4　自由下肢骨的形态特征

自由下肢骨	近端	干	远端
股骨	股骨头、股骨头凹、股骨颈，大转子、小转子和转子间嵴、转子间线	上段呈圆柱形，中段呈三棱柱形，下段前后略扁。粗线、臀肌粗隆、耻骨肌线、腘面	内侧髁、外侧髁和髁间窝，髌面，内上髁、外上髁，收肌结节
胫骨	内、外侧髁和髁间隆起，腓关节面，胫骨粗隆	呈三棱柱形，前缘较锐，内侧面平滑，外侧缘为骨间缘，比目鱼肌线	内踝和腓切迹
腓骨	腓骨头、腓骨颈	内侧缘锐利为骨间缘	外踝
跗骨(8块)	后列：距骨和跟骨	中列：足舟骨	前列：内、中间和外侧楔骨，骰骨
跖骨(5块)	跖骨底	—	跖骨头、第5跖骨粗隆
趾骨(14节)	趾骨底	—	趾骨滑车

腓骨　一般均认为腓骨在负重中不起作用。据研究，躯体经常承重的人，腓骨头的胫腓关节面比较水平；提示在负重时，腓骨可加强胫骨的强度(图1-5)。

(王　玮　王凤娟)

思　考　题

1. 从力学的角度阐述为什么人体不同部位和功能造成骨的形态不同。

2. 用进化的观点解释为什么在人的颅骨中面部是扁平的(图1-6)？

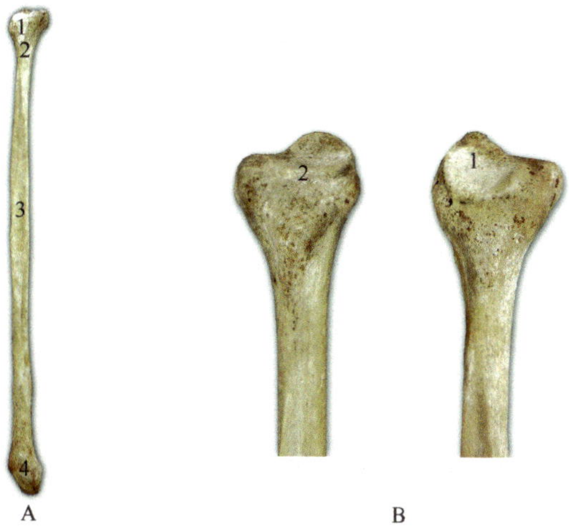

图1-5　腓骨和腓骨小头

A. 腓骨：1. 腓骨头；2. 腓骨颈；3. 腓骨体；4. 外踝

B. 腓骨小头：1. 腓关节面(倾斜)；2. 腓关节面(水平)

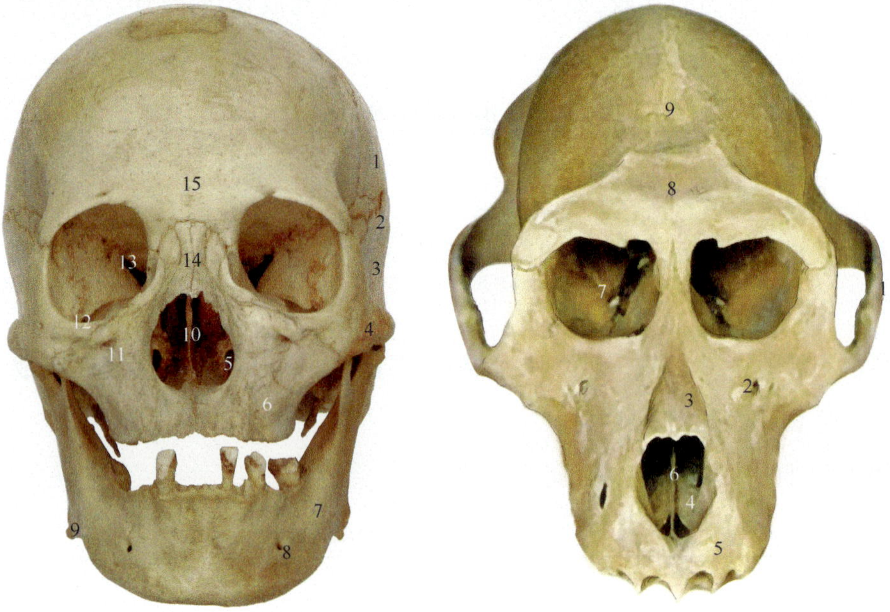

A　　B

图 1-6　颅

A. 人颅(前面):1. 顶骨;2. 蝶骨;3. 颞骨;4. 颧骨;5. 下鼻甲;6. 上颌骨;7. 下颌骨;8. 颏孔;9. 下颌角;10. 鼻中隔;11. 眶下孔;12. 眶下裂;13. 眶上裂;14. 鼻骨;15. 额骨

B. 猴颅(前面):1. 颧弓;2. 眶下孔;3. 鼻骨;4. 下鼻甲;5. 上颌骨;6. 鼻中隔;7. 眶部;8. 额骨;9. 顶骨

3. 翼腭窝与哪些结构相通?

4. 颅底各孔裂的穿行结构有哪些?

5. 肱骨外科颈、中段和内上髁骨折时易伤及什么神经?有哪些临床表现?治疗方案有哪些?

6. 下肢骨与上肢骨相应的骨有何类似或差异?为什么会出现这种差异?

7. 临床骨髓穿刺时根据哪些骨性标志?

第二章　关　节　学

第一节　总　　论

一、学 习 要 求

（1）了解骨连结的定义和分类。
（2）了解直接连结的特点及其分类。
（3）掌握滑膜关节的基本结构、辅助装置和关节的运动，了解间接连接的分类和特点。

二、验证学习标本

（1）完整的肩关节、膝关节标本。
（2）肩关节、膝关节矢状切标本。
（3）显示髋骨软骨连结的幼儿骨盆和成人骨盆标本。
（4）新鲜动物膝关节标本。

三、注 意 事 项

实习各类骨连结时，应结合骨标本进行观察。

四、验证性学习

骨与骨之间借纤维组织、软骨和骨组织形成骨连结，分为直接连结和间接连结。

（一）直接连结

相邻的骨与骨之间借致密结缔组织、软骨或骨直接相连，其间没有腔隙。

（二）间接连结

间接连接又称滑膜关节，为相邻的骨与骨之间借纤维囊相连，相对的骨面之间有腔隙，腔内含少量滑液；基本结构有关节面、关节囊和关节腔三部分。

1. 关节的结构

（1）取新鲜的动物膝关节用解剖刀切开关节囊，观察：①纤维层和滑膜层以及后者与关节软骨的延续；②滑液；③关节软骨；④囊外和囊内韧带。

（2）纵向锯开关节面，观察关节软骨的厚度以及与骨质的结合情况（图 2-1）。

2. 关节的运动　滑膜关节在骨骼肌的牵引下，可进行屈、伸、收、展、旋转和环转运动。

以肩关节为例，在活体上进行关节运动形式观察。同学甲以解剖学姿势站立，同学乙用一手固定甲的肩胛骨，另一手握住甲的上肢（注意使上肢保持伸直），并做下列运动。

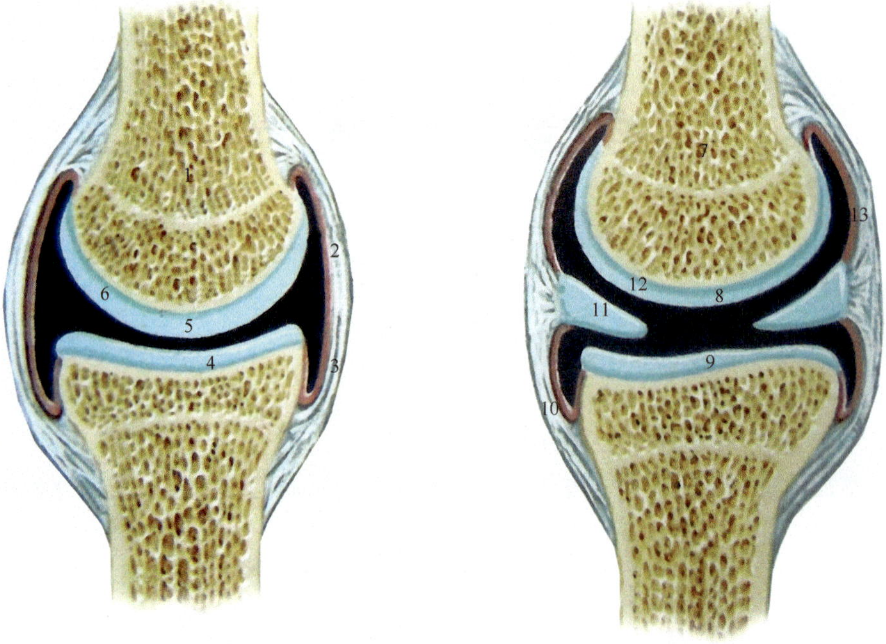

图 2-1 滑膜关节

1. 干骺端;2. 滑膜层;3. 纤维层;4. 关节软骨;5. 关节软骨;6. 软骨下骨;7. 干骺端;8. 关节软骨;9. 关节软骨;10. 滑膜层;11. 半月板;12. 软骨下骨;13. 滑膜层

屈:使臂向前;伸:使臂向后;外展:使臂远离正中矢状面;内收:使臂靠向矢状面;旋内:使臂的前面转向前内侧;旋外:使臂的前面转向后外侧;环转:使屈、展、伸、收依次结合的连续运动,运动时全骨正好绘出一圆锥形轨迹(图 2-2)。

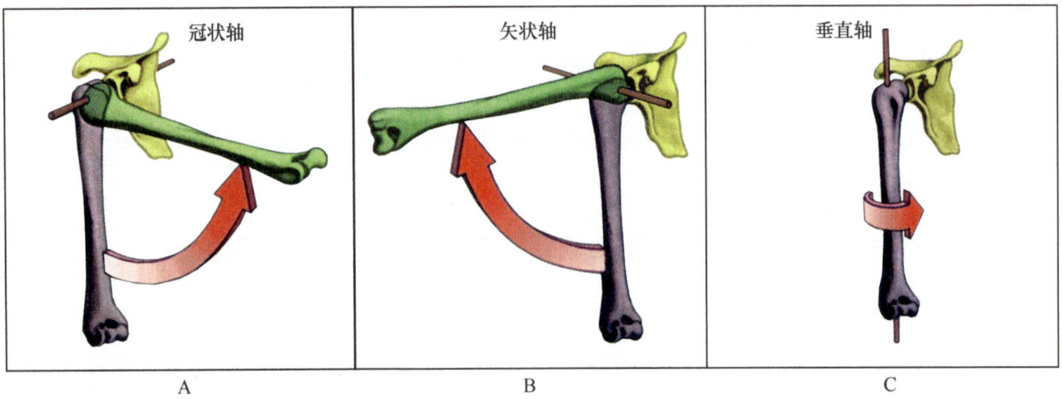

图 2-2 关节的运动形式

A. 屈和伸;B. 展和收;C. 旋内和旋外

滑液 滑液充满滑膜腔、滑膜囊和腱鞘。在滑膜关节内呈弱碱性,透明或淡黄色、黏性液体,为关节腔内提供液态环境,增加润滑,而且也是关节软骨、半月板等新陈代谢的重要媒介。不同关节和种属的滑液黏稠度、容量和颜色有很大的不同。人类关节的滑液量少,一般抽出不足0.5ml,即使大的关节(如膝关节)也如此。

第二节 躯干骨的连结

一、学习要求

(1) 了解椎骨的连结概况。
(2) 掌握椎间盘的形态、结构特点和功能。
(3) 掌握前纵韧带、后纵韧带和黄韧带的位置和功能。
(4) 了解脊柱整体观的形态特点和运动,掌握脊柱的生理性弯曲和意义。
(5) 了解肋与胸椎、肋软骨与胸骨的连结概况。
(6) 掌握胸廓的组成、形态和运动;了解胸廓的年龄和性别差异。

二、验证学习标本

(1) 脊柱、胸廓的标本。
(2) 脊柱矢状面标本,椎间盘横切面标本,前纵韧带、后纵韧带和黄韧带标本。

三、注意事项

学习各类骨连结时,应配合相关的骨标本进行观察。

四、验证性学习

(一) 椎骨间的连结

1. 椎体间的连结 取椎骨连结标本观察,可见椎体之间稍膨大,此即连结相邻椎体的椎间盘。在椎间盘横断的标本上,可见中央部为白色而质较软的髓核,周围部为多层以同心圆排列的纤维环。在椎体和椎间盘的前面有上下纵行的前纵韧带。在去椎弓标本上观察,可见椎体和椎间盘的后面有纵行的后纵韧带(图 2-3,图 2-4)。

2. 椎弓间的连结 取经正中线纵剖的脊柱标本,可见连于棘突尖端纵行的棘上韧带,连于两棘突之间较短的棘间韧带,连于相邻两椎弓板之间的黄韧带。

(二) 脊柱

在完整骨架上从侧面观察,脊柱呈"S"形,有颈曲、胸曲、腰曲、骶曲 4 个生理弯曲。颈曲、腰曲凸向前,胸曲、骶曲凸向后(图 2-5)。从后面观察,脊柱在后正中线上有一串棘突。颈椎棘突较短,近水平位;胸椎棘突较长,斜向后下,相互遮盖;腰椎棘突呈水平位,棘突间间隙较大(图 2-5)。

(三) 胸廓

胸廓由 12 个胸椎、12 对肋、1 块胸骨和它们之间的连结组成。成人胸廓呈前后略扁,上窄下宽的圆锥形。新生儿的胸廓横径与前后径大致相等,近似桶状。胸廓上口较小,向前下方倾斜,由第 1 胸椎、第 1 肋和胸骨柄上缘围成,是胸腔与颈部的通道。下口宽而不整齐,由第 12 胸椎、第 11 肋、第 12 肋、左右肋弓和剑突围成。从前面观察,胸廓前壁最短,胸骨居正中,上 7 肋骨前端借助软骨与胸骨相连;第 8、9、10 对肋骨前端依次与上位肋软骨相连,形成肋弓;第 11、12 肋软骨前端游离于腹壁肌中(图 2-6)。

图 2-3　椎骨间连结(矢状面)

1. 棘上韧带;2. 后纵韧带;3. 棘间韧带;4. 黄韧带;5. 肋头关节;6. 肋头辐状韧带;7. 前纵韧带;8. 椎间盘

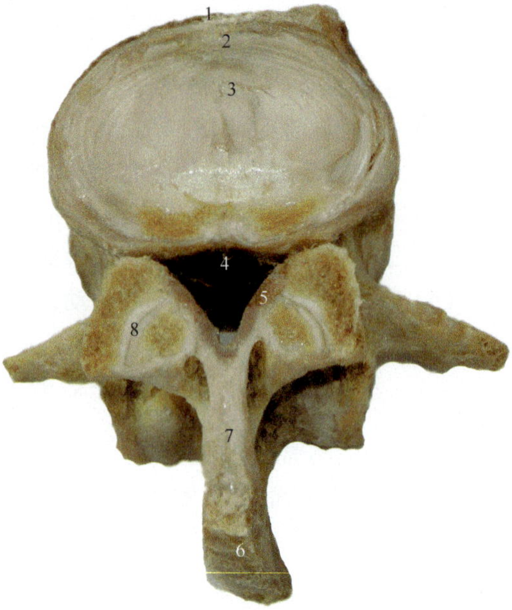

图 2-4　椎间盘(上面)

1. 前纵韧带;2. 纤维环;3. 髓核;4. 后纵韧带;5. 黄韧带;6. 棘上韧带;7. 棘间韧带;8. 关节突关节

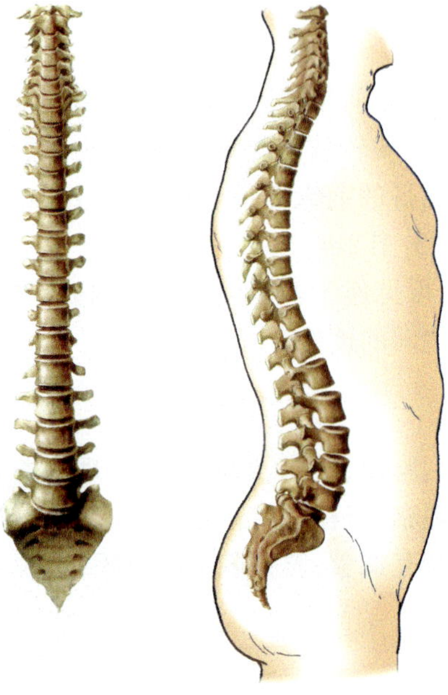

图 2-5　脊柱整体观

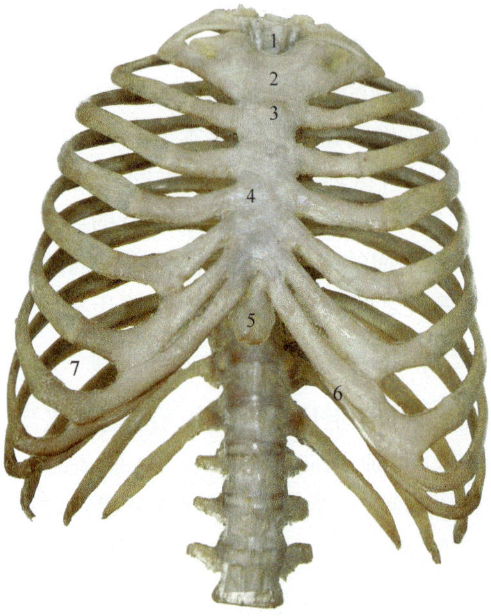

图 2-6　胸廓

1. 胸廓上口;2. 胸骨柄;3. 胸骨角;4. 胸骨体;5. 剑突;6. 肋弓;7. 肋间隙

观察胸廓标本后，同学们可在自己的身体上用手掌紧贴胸廓，然后深呼吸，体会肋前端的移动情况。

椎间盘突出症 椎间盘突出症是指椎间盘的髓核或部分软骨盘通过环状韧带的薄弱点向外突出(图 2-7)，压迫脊神经根或脊髓而产生的病症。损伤或突然的负重常为该症的直接原因。多见于20岁以后的成人，好发于腰段，其次为颈段，胸段极为少见。根据椎间盘突出的方向可分为外侧型、旁中央型(或腹外侧型)和中央型3种类型。

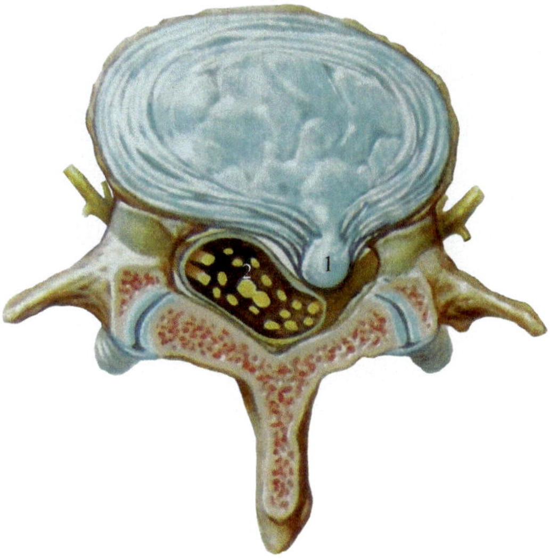

图 2-7 髓核突出

1. 突出的髓核;2. 受压迫的神经

第三节 颅骨的连结

一、学习要求

(1) 了解颅骨连结形式。
(2) 掌握颞下颌关节的形态、结构特点和运动。

二、验证学习标本

(1) 整颅与分离颅骨的标本。
(2) 显示囟门的新生儿颅盖骨标本。
(3) 矢状切的颞下颌关节标本。

三、注意事项

(1) 在整颅或颅盖骨上，观察骨缝中的缝韧带。
(2) 观察颞下颌关节时，注意关节盘的形态；体会关节脱位时下颌头的滑动位置。

四、验证性学习

颅骨间大多借缝相连，颅底个别部分是软骨结合；只有下颌骨与颞骨构成颞下颌关节。

先取颅骨，可见下颌关节由颞骨的下颌窝和下颌头构成。然后取颞下颌关节，注意关节囊上缘、下缘附着的位置。再观察打开关节囊的标本，在关节腔内有纤维软骨构成的关节盘，将关节腔分隔为上下两部分。运动下颌时，两侧下颌关节联合运动，可做开口、闭口、前进、后退及侧方运动(图 2-8)。

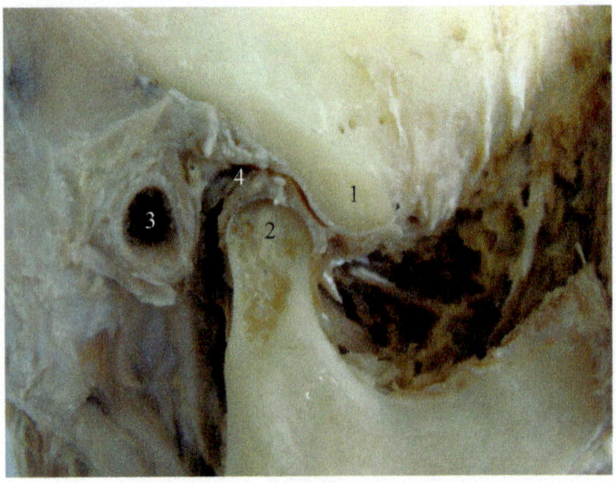

图 2-8　颞下颌关节
1. 关节结节;2. 髁突;3. 外耳门;4. 关节盘

第四节　上肢骨连结

一、学习要求

(1) 了解上肢带骨连结的形式、结构特点和功能。

(2) 掌握肩关节、肘关节的构成、结构特点和运动。

(3) 了解前臂骨的连结方式和特点。

(4) 掌握桡腕关节形态、结构特点和运动。

(5) 了解腕骨间关节、腕掌关节、掌指关节和指骨间关节的构成。

二、验证学习标本

(1) 肩关节、肘关节、桡腕关节标本(打开和未打开关节囊两种)。

(2) 显示前臂骨间膜的前臂骨连结标本。

(3) 躯干骨、上肢骨和完整骨架标本。

三、注意事项

学习关节的运动时,可通过运动自己的关节以加强记忆。

四、验证性学习

(一) 肩关节

先取未打开关节囊的标本,可见关节囊向上附着于肩胛骨关节盂的周缘,向下止于肱骨的解剖颈。关节囊上部较紧,下部松弛。在肩关节的上方,有横架于肩胛骨喙突和肩峰之间的喙肩韧带,从上方保护肩关节。在肱骨结节间沟内有肱二头肌长头腱自关节囊内穿出。观察从肩关节前、后、上方跨过的肌腱,这些肌腱有加强关节囊的作用;但关节囊的前下方没有肌腱和韧带加强,是关节囊的薄弱区。

再取打开关节囊的标本。从关节面形状上看,可见肱骨头的凸面大大超过关节盂的凹面(对关节的运动有何影响)。在关节盂的周围还可见到一圈颜色较深由纤维软骨构成的盂唇。最后观察关节囊的内表面光滑(滑膜层),外表面粗糙(纤维层)。

(二) 肘关节

取已打开关节囊的标本(结合骨标本),可见肘关节包括 3 个关节:①肱尺关节,由肱骨滑车与尺骨的滑车切迹构成。②肱桡关节,由肱骨小头与桡骨头的关节凹构成。③桡尺近侧关节,由桡骨头环状关节面与尺骨的桡切迹构成。

取未打开关节囊的标本，可见关节囊前、后壁薄而松弛，后壁尤为薄弱。关节囊的两侧壁厚而紧张，分别形成桡侧副韧带和尺侧副韧带。关节囊环绕桡骨头周围的部分增厚，形成桡骨环状韧带。

肘关节的运动方式有屈、伸运动。

在活体上观察屈肘和伸肘时肱骨内、外上髁与尺骨鹰嘴三者之间的位置关系：肘关节伸直时，肱骨内、外上髁与尺骨鹰嘴三点连成一直线。关节屈至90°时，三点连线组成一等腰三角形（图2-9）。

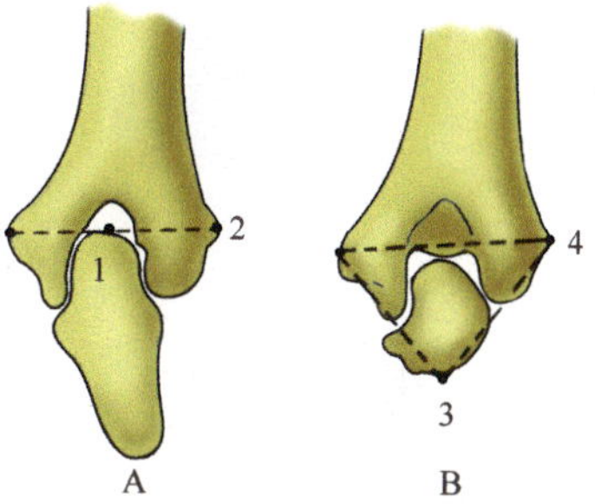

图2-9 肱骨内、外上髁与鹰嘴的位置关系
A. 肘关节伸位（后面观）：1. 鹰嘴；2. 外上髁；
B. 肘关节屈90°位（后面观）：3. 鹰嘴；4. 外上髁

小儿桡骨头半脱位 4周岁前，桡骨小头未发育完全，几乎与桡骨颈等粗，当前臂旋前状态时，肘关节突然受到牵拉，容易产生桡骨小头半脱位（图2-10）。如幼儿在走路跌倒时，由于幼儿手腕部恰恰被成人握持而肘部突然受到强大的牵拉力所致。

桡骨头半脱位时患儿患侧肘部呈现半屈状，旋前垂于身体前，不能牵手，拒绝拿取食物及玩具，肘部略有肿胀，桡骨头压痛明显，关节活动受限。

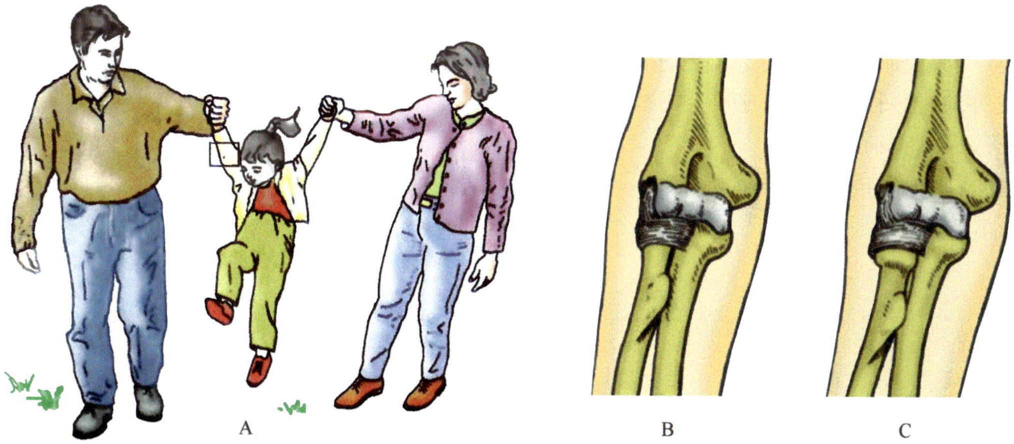

图2-10 桡骨头脱位
A. 桡骨头脱位常见情况；B. 正常；C. 半脱位

肱骨外上髁炎 俗称网球肘，继发于肱骨外上髁紧邻桡侧腕屈肌腱起点处肌腱炎（图2-11）。网球肘的命名会给人以误导，因为多数患者并非网球运动员。本症常见于35～50岁人群，主要表现为肘关节外侧隐性或急性疼痛，用力伸腕时加重。拧紧螺钉以及开门一类的动作往往会加重症状，常影响日常生活。

（三）前臂骨连结

1. 前臂骨间膜 为连结桡骨、尺骨之间的坚韧的纤维膜。取前臂骨连结标本，观察前臂处于旋前或旋后位时骨间膜的紧张度。

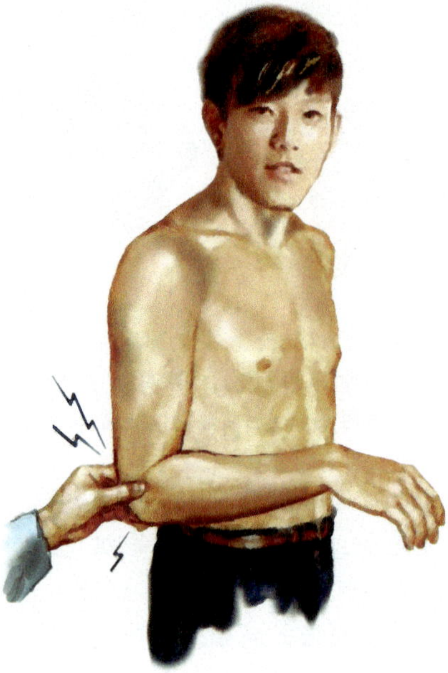

图 2-11 肱骨外上髁炎(肱骨外上髁远端约 1cm 处明显压痛)

2. 桡尺近侧关节 在肘关节中已观察。

3. 桡尺远侧关节 取已打开关节囊的腕关节标本,可见此关节由桡骨下端的尺切迹、尺骨头环状关节面和位于尺骨头远端的关节盘构成。关节盘为三角形纤维软骨板,将尺骨头与腕骨隔开。

4. 前臂骨的运动 在自己身上做前臂旋转运动,结合连接的桡骨、尺骨观察。

(1) 旋前:前臂的前面向内侧旋转(此时桡骨下端转至尺骨的前方,两骨交叉),手背向前。

(2) 旋后:前臂的前面向外侧旋转(此时桡骨下端转回到尺骨外侧,桡骨、尺骨恢复至并列位置),手背向后。

(四) 手的关节

手的关节包括桡腕关节、腕骨间关节、腕掌关节、掌骨间关节、掌指关节和指骨间关节。利用手关节湿标本和手 X 线平片,重点观察以下内容:

取打开关节囊的桡腕关节标本,可见舟骨、月骨和三角骨的近侧关节面共同组成椭圆形关节头,桡骨下端的腕关节面和尺骨头下方的关节盘构成椭圆形关节窝。

再取未打开关节囊的标本观察,可见关节囊松弛,周围有韧带加强,但这些韧带紧贴关节囊,界线不清。

桡腕关节的运动:用自己的一只手固定前臂,运动腕关节,可进行屈、伸、收、展和环转运动。

第五节 下肢骨连结

一、学习要求

(1) 了解骶髂关节的形态结构,髋骨与骶骨之间的韧带及其形成的孔。
(2) 了解耻骨联合的结构特点和功能意义。
(3) 掌握骨盆的构成、形态特点、骨盆性别差异及大小骨盆的分界线。
(4) 掌握髋关节、膝关节和踝关节的构成、结构特点和运动。
(5) 了解小腿骨之间的连结。
(6) 了解跗骨间关节、跗跖关节、跖趾关节的形态、结构和功能。
(7) 了解足弓的形态、组成和功能意义。

二、验证学习标本

(1) 髋关节、膝关节、踝关节标本(打开和未打开关节囊两种)。
(2) 骨性骨盆和带有连结韧带的骨盆标本。

三、注 意 事 项

观察标本时与上肢相应的关节进行比较。

四、验证性学习

(一) 下肢带骨连结

下肢带骨连结包括髋骨间的耻骨联合、骶髂关节和韧带。

骨盆由左右髋骨、骶骨、尾骨借韧带连接构成。两髋骨在前方正中线借耻骨联合相连；后方两髋骨的耳状面与骶骨的耳状面借韧带连结成稳固的骶髂关节(表 2-1)。

表 2-1 骨盆的性别差异

	男性	女性		男性	女性
骨盆外形	窄而长	宽而短	骨盆腔	漏斗状	圆桶状
髂骨翼	较垂直	较平展	骶骨	狭长、曲度大	宽、短、曲度小
骨盆上口	心形、较小	椭圆形、较大	骶骨岬	前突明显	前突不明显
骨盆下口	较狭小	较宽大	耻骨下角	70°~75°	90°~100°

在骶髂关节后下方，骶骨、尾骨与坐骨之间有两韧带相连：①骶结节韧带，从骶骨、尾骨的外侧缘至坐骨结节；②骶棘韧带，位于骶结节韧带的前方，从骶骨、尾骨的外侧缘连至坐骨棘。骶棘韧带与坐骨大切迹围成坐骨大孔，骶棘韧带、骶结节韧带和坐骨小切迹围成坐骨小孔。

从骶骨岬向两侧经弓状线、耻骨梳、耻骨结节至耻骨联合上缘连成的环行线称界线。骨盆以界线分为上部的大骨盆和下部的小骨盆。临床所指骨盆是指小骨盆。小骨盆有上、下两口。骨盆上口由上述界线围成。骨盆下口由尾骨尖、骶结节韧带、坐骨结节和耻骨弓围成。耻骨弓为两侧耻骨相连形成的骨性弓。骨盆上口、下口之间的腔称骨盆腔。

(二) 自由下肢骨连结

1. 髋关节 由髋臼及股骨头构成(图 2-12)。

取未打开关节囊的标本，可见髋关节的关节囊厚而坚韧，向上附于髋臼周缘，前面向下附于转子间线，后面向下附着于股骨颈内侧 2/3，故股骨颈的前面全部包在囊内，后面外侧 1/3 露在囊外。关节囊周围有韧带加强，前方的髂股韧带最为强厚；它起自髂前下棘，呈“人”字形跨过关节囊的前方，向下止于转子间线，加强了关节囊前部，并可限制髋关节过伸。关节囊的后下部相对薄弱。

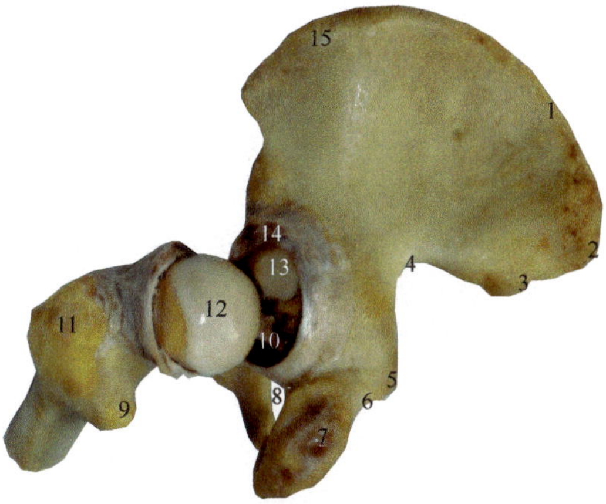

图 2-12 髋关节(打开关节腔)

1. 髂嵴；2. 髂后上棘；3. 髂后下棘；4. 坐骨大切迹；5. 坐骨棘；6. 坐骨小切迹；7. 坐骨结节；8. 闭孔；9. 小转子；10. 股骨头韧带；11. 大转子；12. 股骨头；13. 月状面；14. 髋臼唇；15. 髂结节

取已打开关节囊的髋关节标本，可见髋臼为一较深的窝，周缘附有一圈颜色较深的纤维软骨环(即髋臼唇)，增加髋臼的深度。髋臼可容纳股骨头的 2/3，限制了髋关节的运动范围,但增加了关节的稳固性(与肩关节比较)。关节囊内可见股骨头韧带(思考其作用)。

按解剖学姿势站立,自己运动髋关节:屈、伸,外展、内收,旋内、旋外,环转运动。

2. 膝关节 由股骨内、外侧髁,胫骨内、外侧髁和髌骨组成。

取未打开关节囊的标本,可见关节囊宽阔而松弛,各部厚薄不一,附于各关节面周缘。囊周围有许多韧带加强。关节囊前壁不完整,前方有髌骨和髌韧带。髌韧带扁平而强韧,从髌骨下端向下止于胫骨粗隆,为股四头肌腱的一部分。外侧有腓侧副韧带,内侧有胫侧副韧带。

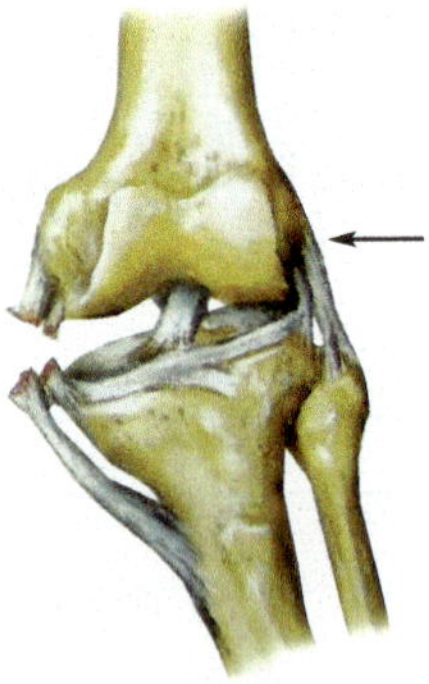
图 2-13 膝关节侧副韧带断裂

取已打开关节囊的标本观察,可见在股骨和胫骨的关节面之间有两块半月形的纤维软骨板,分别称内侧半月板和外侧半月板。在关节内的中央部稍后方有连结于股骨和胫骨之间的两条短韧带,它们相互交叉称前、后交叉韧带。

自己做膝关节的运动:屈,小腿向后方的运动;伸,小腿向前方的运动。

当膝关节半屈位时,小腿可做旋转运动。

3. 距小腿关节 又称踝关节,由胫骨和腓骨下端组成的上关节面和由距骨滑车构成的下关节面(注意此关节面前宽后窄)构成。

取踝关节标本,可见两侧有韧带加强。内侧韧带(又称三角韧带)为坚韧的三角形纤维束,自内踝尖向下,扇形止于足舟骨、距骨和跟骨。外侧韧带较薄弱,由不连续的 3 条独立的韧带组成。

自己做踝关节的运动:背屈(伸踝关节),足向上翘,使足与小腿前面小于直角;跖屈(屈踝关节),足向下压,使足与小腿前面大于直角。

跗骨间关节比较复杂,主要可做足内翻和外翻运动。足底面朝向内侧为足内翻,足底面朝向外侧称足外翻。

4. 足弓 取下肢足标本,可见足弓是跗骨和跖骨借其连结形成的凸向上的弓,分为前后方向的足纵弓和内外方向的足横弓。站立时,足以跟骨结节及第 1、5 跖骨头三点着地,形成具有弹性的“三脚架”。

踝关节扭伤 足的屈肌力比伸肌大,内翻肌力比外翻肌力大;加之外踝比内踝长,内踝三角韧带比外侧的三个韧带坚固。因此,内翻比外翻的活动幅度大。此外,距骨体前宽后窄,当足背伸时,距骨完全进入踝穴,踝关节稳定,不易扭伤,而当跖屈时,距骨后面窄的部分进入踝穴前面宽的部分,踝关节相对不稳定,容易发生扭伤,如下坡或下楼梯时。

(黄登清)

思考题

1. 以中轴骨为例简要总结骨连结的类型。
2. 以肩关节、髋关节、膝关节及肘关节为例,比较上肢、下肢关节的结构、功能特点。
3. 以解剖学知识说明脊柱的灵活性和稳定性。
4. 为什么椎间盘突出多见于腰部,且多向后外侧突出?
5. 与其他滑膜关节比较,颞下颌关节有什么特点?
6. 膝关节半月板损伤常见于哪一侧?

第三章　肌　学

第一节　头　颈　肌

一、学习要求

(1) 了解面肌的组成、分布特点和功能。
(2) 掌握咀嚼肌的位置和作用。
(3) 了解颈肌的分群、位置及各群肌的组成和功能。
(4) 掌握胸锁乳突肌的位置、起止和作用。
(5) 了解舌骨上肌群与舌骨下肌群的位置和名称。

二、验证学习标本

(1) 全身骨骼标本。
(2) 面肌标本。
(3) 咀嚼肌标本。
(4) 颈部浅层和深层肌标本。

三、注意事项

(1) 提前复习相关骨性标志，如乳突和下颌角等。
(2) 将肌学内容与骨学及神经系统知识相联系，做到融会贯通。
(3) 面肌标本细薄，切勿过度用力牵拉肌纤维。
(4) 注意观察骨骼肌的形态、起止点及跨过关节的位置，充分理解骨骼肌的作用。

四、验证性学习

(一) 头肌

1. 面肌　属于皮肌，起自骨面，止于皮肤，收缩时牵动面部皮肤产生各种表情，故称表情肌，由鳃弓衍化而来。在面肌标本上重点观察枕额肌、眼轮匝肌、口轮匝肌和颊肌。枕额肌位于颅顶，由额腹、帽状腱膜和枕腹构成；眼轮匝肌位于眼裂周围，呈椭圆形；口轮匝肌位于口裂周围，呈环形；颊肌位于面颊深部(图 3-1、图 3-2)。

面瘫　面肌由面神经支配。当面神经麻痹时，面肌瘫痪，瘫痪侧额纹消失、眼裂闭合不全、鼻唇沟变浅或消失、口角流涎。

2. 咀嚼肌　在咀嚼肌标本上观察咬肌、颞肌、翼内肌和翼外肌的位置及纤维走向。咬肌和翼内肌分别位于下颌支的外侧与内侧,颞肌主要位于颞窝,翼外肌有两个头(图 3-1、图 3-2)。在活体上辨认肌性标志:咬紧牙齿,于颧弓下方下颌支外侧触及的坚硬肌隆起为咬肌;于颧弓上方颞窝处触及的坚硬肌隆起为颞肌。

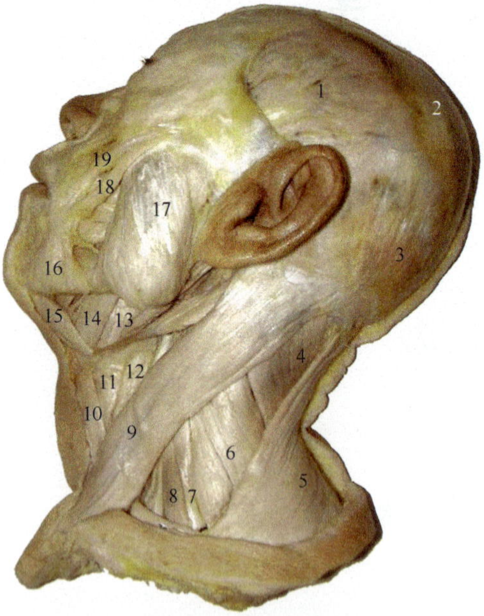

图 3-1　头颈肌

1. 颞肌;2. 帽状腱膜;3. 枕额肌枕腹;4. 头夹肌;5. 斜方肌;6. 肩胛提肌;7. 后斜角肌;8. 中斜角肌;9. 胸锁乳突肌;10. 胸骨舌骨肌;11. 肩胛舌骨肌;12. 甲状舌骨肌;13. 舌骨舌肌;14. 下颌舌骨肌;15. 二腹肌前腹;16. 降口角肌;17. 咬肌;18. 颧大肌;19. 颧小肌

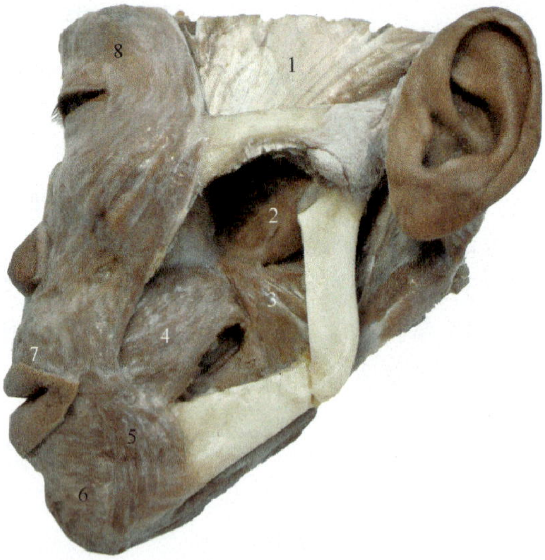

图 3-2　头肌

1. 颞肌;2. 翼外肌;3. 翼内肌;4. 颊肌;5. 降口角肌;6. 降下唇肌;7. 口轮匝肌;8. 眼轮匝肌

(二) 颈肌

1. 颈浅肌和颈外侧肌　在颈部浅层肌标本上观察颈阔肌。翻开颈阔肌可见位于颈部外侧的胸锁乳突肌,该肌根据起止点命名,肌纤维由前下斜向后上,依据起止点及纤维走向即可辨认(图 3-1)。在活体上,当脸转向对侧并上仰时,于颈部可见从前下方斜向后上方的长条形肌性隆起,即为胸锁乳突肌。

> **斜颈**　斜颈是因一侧胸锁乳突肌纤维化挛缩所致的颈部歪斜,主要表现为头向患侧倾斜而颜面转向健侧。体检发现颈部一侧有梭状肿物,其方向与胸锁乳突肌一致,无压痛。

2. 颈前肌　包括舌骨上肌群和舌骨下肌群,除二腹肌外均根据起止点命名。在颈肌标本上找到舌骨,于舌骨上方辨认下颌舌骨肌、茎突舌骨肌、颏舌骨肌和二腹肌;于舌骨下方正中线两侧辨认胸骨舌骨肌、胸骨甲状肌、甲状舌骨肌和肩胛舌骨肌(图 3-1)。

3. 颈深肌　在颈部深层肌标本上,由内向外依次找到前斜角肌、中斜角肌和后斜角肌,观察斜角肌间隙的境界和内容(图 3-1)。

第二节 躯 干 肌

一、学 习 要 求

(1) 掌握斜方肌、背阔肌与竖脊肌的位置、起止和作用。

(2) 掌握胸大肌与前锯肌的位置、起止和作用。

(3) 掌握膈的位置、形态、结构特点和功能。

(4) 掌握腹前外侧群肌的名称和位置。

二、验证学习标本

(1) 全身骨骼标本。

(2) 背肌标本。

(3) 胸肌标本。

(4) 膈肌标本。

(5) 腹肌标本。

三、注 意 事 项

(1) 躯干肌以层次为主,浅层扁肌多,深层短肌多,须在标本上认清肌的层次、纤维走向和形成的重要结构(如腹直肌鞘和腹股沟韧带等)。

(2) 将实物标本与活体相结合,辨识重要的肌性标志。

四、验证性学习

(一) 背肌

在背肌标本上,观察背浅肌和背深肌的位置及纤维走向。斜方肌位于背上部,由左右各一块三角形扁肌会合呈斜方形而得名;背阔肌位于背下部及胸后外侧;翻开斜方肌,观察肩胛提肌和菱形肌;翻开斜方肌和背阔肌,于脊柱两侧纵沟内可见粗大的竖脊肌,其特点是肌纤维沿途陆续终止于椎骨、肋骨和颞骨乳突(图 3-3)。

(二) 胸肌

在胸肌标本上,于胸前壁上部浅层观察到的较为宽厚的扇形肌为胸大肌,翻开该肌可见胸小肌;于胸廓侧壁观察到有 8 或 9 个"锯齿"状肌为前锯肌;于肋间隙由浅入深依次有肋间外肌、肋间内肌和肋间最内肌,可依据肌纤维走向和位置进行辨认。肋间外肌肌纤维自后上斜向前下,肋间内肌和肋间最内肌肌纤维自后下斜向前上(图 3-4)。

(三) 膈

在膈肌标本上观察膈的形态、纤维走向和裂孔(图 3-5、图 3-6)。

图 3-3　背肌

1. 三角肌;2. 大圆肌;3. 冈下肌;4. 菱形肌;5. 竖脊肌;6. 下后锯肌;7. 背阔肌;8. 斜方肌

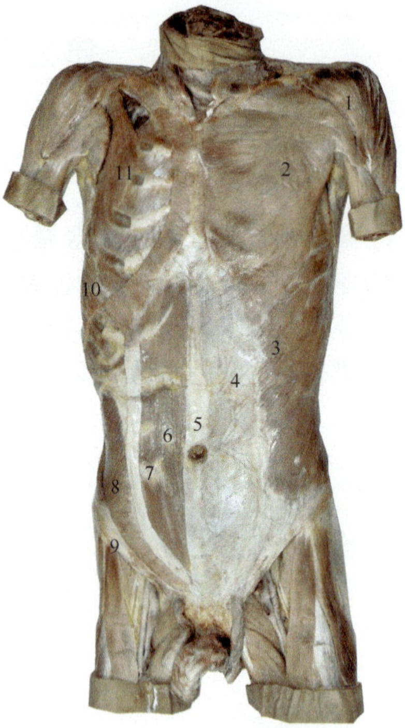

图 3-4　胸肌与腹前外侧群肌

1. 三角肌;2. 胸大肌;3. 腹外斜肌;4. 腹直肌鞘前层;5. 白线;6. 腹直肌;7. 腱划;8. 腹内斜肌;9. 腹股沟韧带;10. 前锯肌;11. 胸小肌

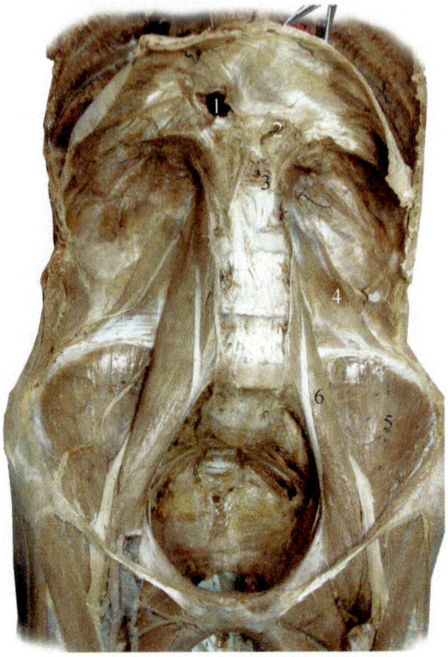

图 3-5　膈与腹后壁肌

1. 腔静脉裂孔;2. 食管裂孔;3. 主动脉裂孔;4. 腰方肌;5. 髂肌;6. 腰大肌

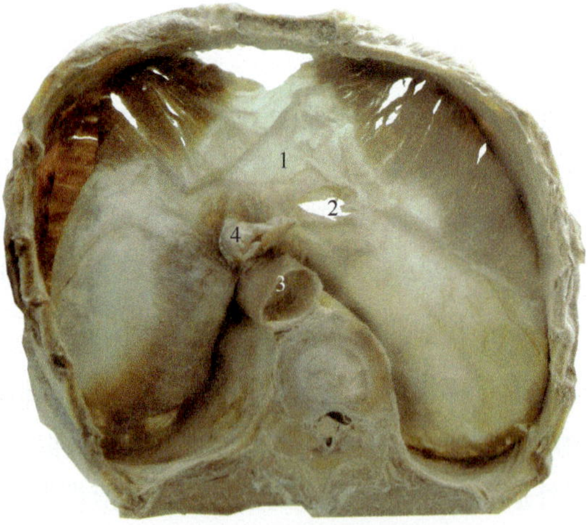

图 3-6　膈(上面观)

1. 中心腱;2. 腔静脉裂孔;3. 食管裂孔(食管);4. 主动脉裂孔(主动脉)

1. 膈肌分部 见表 3-1。

2. 膈肌裂孔 见表 3-2。

表 3-1 膈肌分部

分部	起点	止点
胸骨部	剑突后面	中心腱
肋部	下 6 对肋骨和肋软骨	中心腱
腰部	以左、右膈脚起自上 2 ~ 3 个腰椎	中心腱

表 3-2 膈肌裂孔

名称	位置	穿经结构
主动脉裂孔	左、右膈脚与脊柱之间,平第 12 胸椎	主动脉、胸导管
食管裂孔	主动脉裂孔左前上方,平第 10 胸椎	食管、迷走神经
腔静脉裂孔	食管裂孔右前上方,平第 8 胸椎	下腔静脉

3. 膈肌薄弱区域 各部起点间无肌纤维,形成三角形的薄弱区域。

(1) 胸肋三角:位于胸骨部与肋部起点之间。

(2) 腰肋三角:位于腰部与肋部之间。

> **膈疝** 膈疝是由腹内脏器经膈肌的薄弱孔隙、缺损或创伤裂口进入胸腔所致。临床分为食管裂孔疝、先天性膈疝和创伤性膈疝。

(四) 腹肌

1. 前外侧群 在腹前外侧群肌标本上,辨认位于正中线上的脐环和腹白线;白线两侧为白色的腹直肌鞘前层;翻开鞘前层,可见肌纤维呈垂直走向的腹直肌,当中有 3 ~ 4 条横行腱划;翻开腹直肌,观察腹直肌鞘后层及弓状线。于腹直肌外侧缘有 3 层扁肌,由浅至深依次为:①腹外斜肌,肌纤维走向由外上斜向内下;②腹内斜肌,肌纤维走向和腹外斜肌垂直,由内上斜向外下;③腹横肌,肌纤维走向大致为横行。在髂前上棘与耻骨结节之间辨认腹股沟韧带(图 3-4、图 3-7)。

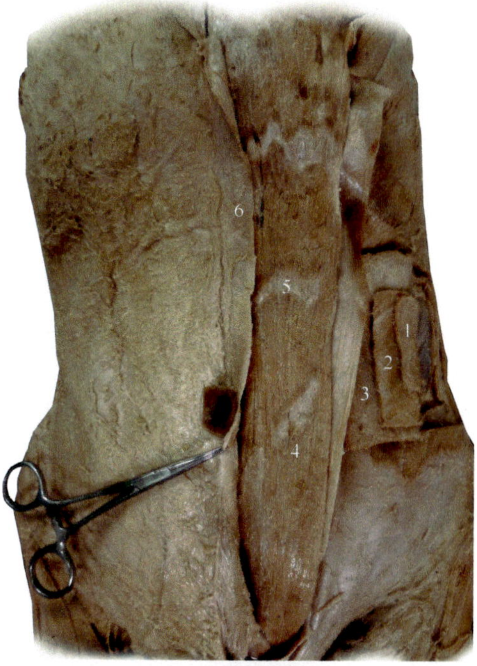

图 3-7 腹前外侧群肌

1. 腹横肌;2. 腹内斜肌;3. 腹外斜肌;4. 腹直肌;5. 腱划;6. 腹直肌鞘前层

2. 后群 在腹后壁脊柱两侧观察腰大肌和腰方肌的位置及形态(图 3-5)。

> **躯干主要肌作用记忆口诀** 斜方肌,肩靠脊;背阔肌,能接力;胸大肌,可提躯;前锯肌,助臂举;肋间肌,呼吸气;腹前壁,腹直肌;外侧壁,三扁肌;外内斜,横最里。

第三节 上 肢 肌

一、学习要求

(1) 掌握三角肌的位置、起止和作用。

(2) 掌握肱二头肌与肱三头肌的位置、起止和作用。

(3) 了解前臂肌的分群、名称、排列关系和作用。

(4) 了解手肌的分群、名称和作用。

二、验证学习标本

(1) 全身骨骼标本。

(2) 上肢浅层和深层肌标本。

三、注 意 事 项

(1) 提前复习上肢骨知识,掌握重要骨性标志。

(2) 前臂肌数目众多,重在熟悉肌的名称和层次;通过牵拉肌腱体会和验证肌的位置、起止和功能。

(3) 在活体上摸认肱二头肌、桡侧腕屈肌腱、掌长肌腱、尺侧腕屈肌腱、拇长展肌腱、拇短伸肌腱、拇长伸肌腱和指伸肌腱等肌性标志。

四、验证性学习

(一) 上肢带肌

上肢带肌位于肩关节周围,包括三角肌、冈上肌、冈下肌、小圆肌、大圆肌和肩胛下肌,均起自上肢带骨,止于肱骨,能运动并加固肩关节的稳定性。其中三角肌的起点恰为斜方肌止点,肌束从前、后、外包裹肩关节,止于三角肌粗隆。翻开斜方肌,可见位于冈上窝的冈上肌和冈下窝的冈下肌。冈下肌的下方依次为小圆肌和大圆肌,肩胛下肌位于肩胛下窝(图 3-3、图 3-8、图 3-9)。

图 3-8　右侧上肢带肌与臂肌前群

1. 肩胛下肌;2. 背阔肌;3. 喙肱肌;4. 肱肌;5. 肱二头肌腱膜;6. 肱二头肌;7. 胸大肌;8. 三角肌

图 3-9　右侧上肢带肌与臂肌后群

1. 三角肌;2. 肱三头肌;3. 大圆肌;4. 小圆肌;5. 冈下肌

(二) 臂肌

在上肢肌标本上，臂前面浅层有肱二头肌，由长、短两头会合成一肌腱；肱二头肌短头内侧有喙肱肌；肱二头肌下半部深面有肱肌。在臂后面有肱三头肌，由长头、内侧头和外侧头三头共同会合成一肌腱（图 3-8、图 3-9）。肱二头肌和肱三头肌同时跨过肩关节和肘关节，二者功能正好相反。

肱二头肌为重要的肌性标志，在活体上用力屈肘成直角时，于臂前面可见明显的肌隆起，在肘关节前面可触及其肌腱。

(三) 前臂肌

1. 前群 共 9 块，分 4 层排列（图 3-10）。

(1) 第 1 层：5 块，自桡侧向尺侧依次为肱桡肌、旋前圆肌、桡侧腕屈肌、掌长肌和尺侧腕屈肌。

(2) 第 2 层：1 块，指浅屈肌。

(3) 第 3 层：2 块，拇长屈肌和指深屈肌。

(4) 第 4 层：1 块，旋前方肌。

2. 后群 共 10 块，分浅、深两层排列（图 3-11）。

图 3-10 右侧前臂肌前群与手肌

1. 旋前圆肌；2. 掌长肌；3. 指浅屈肌；4. 尺侧腕屈肌；5. 小指展肌；6. 小指短屈肌；7. 拇短屈肌；8. 拇短展肌；9. 桡侧腕屈肌；10. 肱桡肌

图 3-11 右侧前臂肌后群与手肌

1. 肱桡肌；2. 桡侧腕长伸肌；3. 桡侧腕短伸肌；4. 拇长展肌；5. 拇短伸肌；6. 指伸肌；7. 小指伸肌；8. 尺侧腕伸肌

(1) 浅层：5 块，自桡侧向尺侧依次为桡侧腕长伸肌、桡侧腕短伸肌、指伸肌、小指伸肌和尺侧腕伸肌。

(2) 深层：5 块，从上外向下内依次为旋后肌、拇长展肌、拇短伸肌、拇长伸肌和示指伸肌。

前臂肌数量众多,但层次清楚,追寻各肌起止点有助于辨认,根据各肌名称及牵拉肌腱有助于推测肌功能。

(四) 手肌

1. 外侧群 位于手掌拇指侧,形成大鱼际,有4块肌(图3-10)。

2. 内侧群 位于手掌小指侧,形成小鱼际,有3块肌(图3-10)。

3. 中间群 位于掌心,包括4块蚓状肌和7块骨间肌(图3-10、图3-11)。

第四节 下 肢 肌

一、学 习 要 求

(1) 掌握臀大肌的位置、起止和作用。

(2) 掌握股四头肌与股二头肌的位置、起止和作用。

(3) 掌握小腿三头肌的位置、起止和作用。

(4) 了解足肌的分群、名称、位置和作用。

二、验证学习标本

(1) 全身骨骼标本。

(2) 下肢浅层和深层肌标本。

三、注 意 事 项

(1) 提前复习下肢骨知识,掌握重要骨性标志。

(2) 在活体上能摸认股四头肌腱、小腿三头肌腱、胫前肌腱、趾长伸肌腱和踇长伸肌腱等肌性标志。

(3) 注意上下肢肌在配布、形态和功能上的区别与联系。

(4) 总结与髋关节、膝关节、踝关节运动相关的骨骼肌。

四、验证性学习

(一) 髋肌

在下肢肌标本上,辨认重要髋肌。髂腰肌位于髋关节前方,由腰大肌和髂肌组成。阔筋膜张肌位于大腿前外侧,肌腹在两层阔筋膜之间。臀大肌位于臀部浅层,其深面依次有臀中肌和臀小肌,臀中肌下方为梨状肌(图3-12~图3-14)。

臀部注射 由于成人臀大肌大而肥厚,能为药物吸收提供较大面积,故臀大肌成为成人肌内注射的首选部位。臀大肌近似四方形,上外深面无大神经和血管,因此臀部上外区域成为臀大肌注射的部位。2岁以下小儿臀大肌不发达,宜选用臀中肌注射。

（二）大腿肌

在下肢肌标本上，于大腿前面观察全身最长的缝匠肌和全身最大的股四头肌。缝匠肌肌纤维由外上斜向内下，同时跨越髋关节和膝关节。缝匠肌外侧依次有股内侧肌、股直肌和股外侧肌，翻开股直肌可见股中间肌，4 个肌腹向下会合成一肌腱，包绕髌骨，续为髌韧带。于大腿内侧，辨认耻骨肌、长收肌、股薄肌、短收肌和大收肌。于大腿后面，观察股二头肌、半腱肌和半膜肌的位置及形态（图 3-12 ~ 图 3-14）。

图 3-12 右侧髋肌、大腿肌前群及内侧群

1. 腰大肌；2. 髂肌；3. 耻骨肌；4. 长收肌；5. 股薄肌；6. 缝匠肌；7. 股内侧肌；8. 股直肌；9. 股外侧肌；10. 阔筋膜张肌

图 3-13 右侧髋肌与大腿肌后群

1. 臀大肌；2. 股二头肌；3. 半腱肌；4. 半膜肌

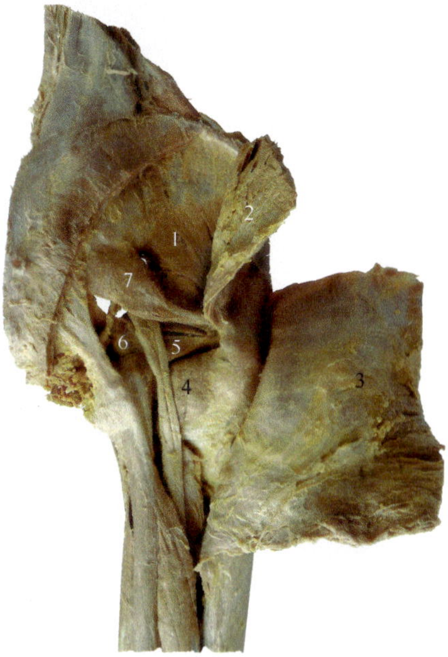

图 3-14 右侧髋肌后群

1. 臀小肌；2. 臀中肌；3. 臀大肌；4. 股方肌；5. 下孖肌；6. 闭孔内肌；7. 梨状肌

腘绳肌损伤 大腿后群肌均起自坐骨结节，同时跨越髋关节和膝关节，具有伸髋和屈膝作用，常被称为“腘绳肌”，包括股二头肌、半腱肌和半膜肌。在短跑运动中，腘绳肌努力使向外摆动的小腿减速；而当脚部着地时，腘绳肌则用力牵拉伸展髋部后方，使髋关节伸直；如此轮流交替进行，才使另一条腿得以迈向前方。于此运动时相中，在迈出脚落下着地之前，腘绳肌（通常是股二头肌部分）由于被最大幅度的活动和牵拉（接近于最大肌肉长度）而极易受损。故急性腘绳肌损伤常见于跑步和跨栏运动。

（三）小腿肌

在下肢肌标本上，于小腿前面自内侧向外侧依次辨认胫骨前肌、䠂长伸肌和趾长伸肌，各肌肌腱于踝关节前方清晰可辨，可通过牵拉肌腱判断肌的功能（图 3-15）。于小腿外侧面趾长伸肌的外侧，辨认浅面的腓骨长肌和深面的腓骨短肌（图 3-16）。于小腿后面，辨认浅层的小腿三头肌及跟腱，深层自内侧向外侧依次有趾长屈肌、胫骨后肌和踇长屈肌（图 3-17、图 3-18）。

观察小腿肌时注意各群肌的位置和层次关系，其中腓骨长肌腱和胫骨前肌腱共同附着于内侧楔骨和第 1 跖骨底，构成“腱环”，在维持足弓和调节足的内翻与外翻中发挥重要作用。

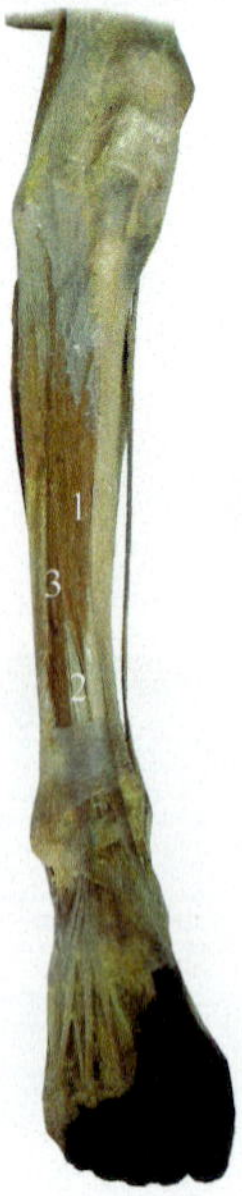

图 3-15　右侧小腿肌前群

1. 胫骨前肌；2. 踇长伸肌；3. 趾长伸肌

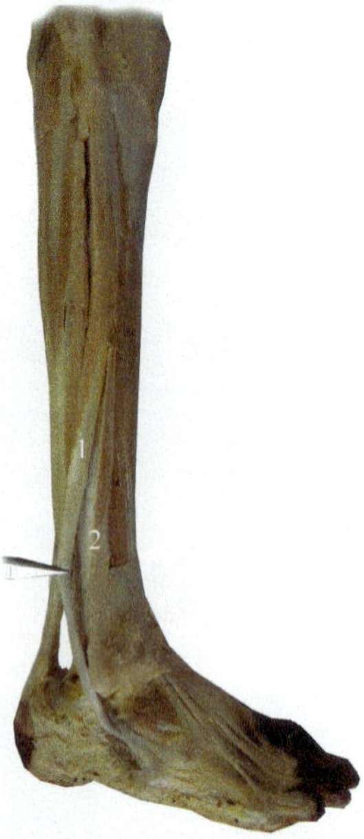

图 3-16　右侧小腿肌外侧群

1. 腓骨长肌；2. 腓骨短肌

图 3-17　右侧小腿肌后群（浅层）

1. 腓肠肌；2. 跟腱

图 3-18　右侧小腿肌后群（深层）

1. 小腿三头肌；2. 踇长屈肌；3. 趾长屈肌；4. 胫骨后肌

跟腱断裂　跟腱是人体最粗大、最强壮的肌腱，由小腿三头肌肌腱融合形成。跟腱断裂即为跟腱组织的断裂，主要表现为跟腱局部明显肿胀、疼痛、跖屈无力、不能踮脚站立和跛行等。常见的跟腱自发性断裂多发生于进行羽毛球、篮球、足球、网球等球类运动和跑步等田径运动中。

（四）足肌

足肌分为足背肌和足底肌。足背肌较薄弱。足底肌的配布情况和作用与手掌肌相似，亦分为内侧群、外侧群和中间群，但没有与拇指和小指相当的对掌肌。

（林　清）

思　考　题

1. 哪些骨骼肌参与颞下颌关节运动？
2. 参与呼吸运动的骨骼肌应具备何特征？

3. 肩关节能做哪些运动？参与各种运动的骨骼肌分别有哪些？
4. 患者足部呈“马蹄内翻足”和“钩状足” 畸形时，分别损伤的骨骼肌有哪些？
5. 请写出图 3-19 中数字所示的肌性标志名称。

图 3-19　健美运动员

第二部分　内　脏　学

第四章　消化系统

一、学习要求

（1）掌握口腔的分部及界域、腮腺、下颌下腺和舌下腺的位置及其导管的开口部位，舌的分布、颏舌肌的起止和作用。

（2）掌握牙的形态和构造；了解牙的附属结构、乳牙和恒牙的萌出及其排列方式。

（3）掌握咽峡的构成、咽的分部及其各部形态结构，腭扁桃体位置和形态、咽扁桃体环的概念和组成；了解咽肌的种类和功能。

（4）掌握食管的位置、分部及三个狭窄。

（5）掌握胃的形态、分部和位置。

（6）掌握十二指肠的形态、分部及各部的位置和特征，掌握空肠与回肠的位置、形态和二者的形态差异。

（7）掌握大肠的分部、各部位置和分界，盲肠、结肠的共同结构特征，直肠、肛管的结构、齿状线和肛管直肠环的概念。

（8）掌握肝的形态、位置、肝外胆道的组成及结构特点，胆囊的形态、位置和胆汁的排泄途径；了解肝的血管，胰的形态、位置和结构特点。

二、验证学习的标本

（1）头颈正中矢状切标本和三大唾液腺标本。

（2）打开胸前壁移去肺的标本和打开腹前壁的标本。

（3）离体胃（未切开的完整的胃及切开的示胃黏膜的胃）。

（4）离体胰、十二指肠、胆囊和胆总管（示十二指肠大乳头和肝胰壶腹）。

（5）显示黏膜皱襞和集合淋巴滤泡的纵切的空回肠标本。

（6）显示结肠带、结肠袋和肠脂垂的结肠标本。

（7）显示回盲瓣的结肠回盲部标本。

（8）显示内面结构的直肠肛管纵切标本。

（9）显示直肠、肛管的位置和弯曲的男女盆腔正中矢状切标本。

（10）显示肝的形态和进出肝门结构的离体肝标本。

三、注意事项

（1）观察游离消化系统标本时，要将标本按解剖学姿势位置放好，再进一步观察学习。

（2）除观察实习课提供的标本外，对于口腔、牙、舌、口咽要相互进行活体观察。

四、验证性学习

（一）口腔

1. 口腔各壁　在活体上利用压舌板观察口腔的前壁、外侧壁、上壁和口底。注意辨认腭帆、腭垂、腭舌弓、腭咽弓和腭扁桃体。

腭帆为软腭后部游离的部分，腭垂为腭帆后缘中央向后下方的突起。自腭帆向两侧延伸两条弓形皱襞，前面的称腭舌弓，后面的称腭咽弓，二者之间的隐窝称扁桃体窝，腭扁桃体位于其间。

2. 舌及口底　在活体上观察舌背面：在舌前 2/3 与舌后 1/3 交界处可见“∧”形的界沟，沟的尖端有舌盲孔，沿界沟前方排列有 7～11 个轮廓乳头，呈圆形突起，周围有环状沟。舌根部黏膜有淋巴组织使其表面出现许多大小不等的隆起，称舌扁桃体（图 4-1）。

在头面部的正中矢状切面和舌的冠状切面的标本上观察舌肌。颏舌肌起于下颌骨颏棘，止于舌体和舌根的中线。

3. 牙　在活体和标本上观察牙的形态和构造。

4. 大唾液腺　唾液腺位于口腔周围，能分泌并向口腔内排泄唾液，人体有三大唾液腺（图 4-2，表 4-1）。

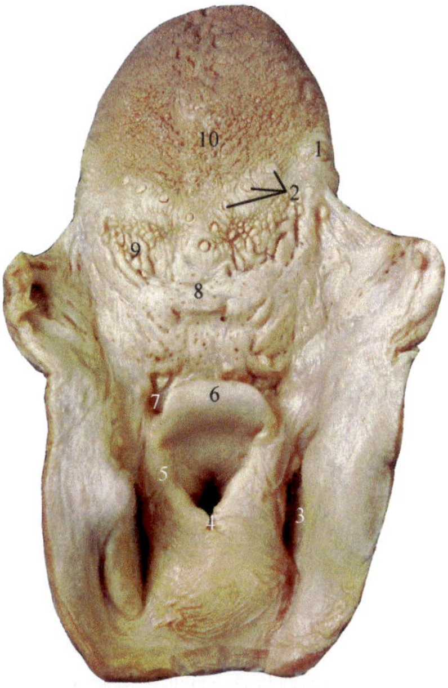

图 4-1　舌

1. 叶状乳头；2. 轮廓乳头；3. 梨状隐窝；4. 杓间切迹；5. 杓会厌襞；6. 会厌；7. 会厌谷；8. 舌根；9. 舌扁桃体；10. 舌体

图 4-2　大唾液腺

1. 腮腺管；2. 咬肌；3. 下颌下腺；4. 胸锁乳突肌；5. 腮腺

表4-1　三大唾液腺及其开口

	腮腺	下颌下腺	舌下腺
位置	外耳道前下方和下颌后窝内	下颌下三角	舌下襞深面
开口	上颌第二磨牙相对的颊黏膜处	舌下阜	大管与舌下阜 小管与舌下襞

(二) 咽

在头颈部正中矢状切面上观察。

1. 位置和分部　咽上起于颅底,下至第6颈椎下缘续于食管。软腭水平以上为鼻咽,会厌水平以下为喉咽,中段为口咽(图4-3)。

2. 各部重要结构　鼻咽侧壁上的圆拱形隆起为咽鼓管圆枕,其下方的开口是咽鼓管咽口,圆枕后方是咽隐窝。

喉咽部喉口两侧各有一深陷的梨状隐窝,注意其与甲状软骨的关系。

(三) 食管

食管在第6颈椎下缘续于咽,穿过胸腔,在第10胸椎水平穿膈肌,而后续于胃贲门(图4-4)。食管管腔有3个狭窄(表4-2)。

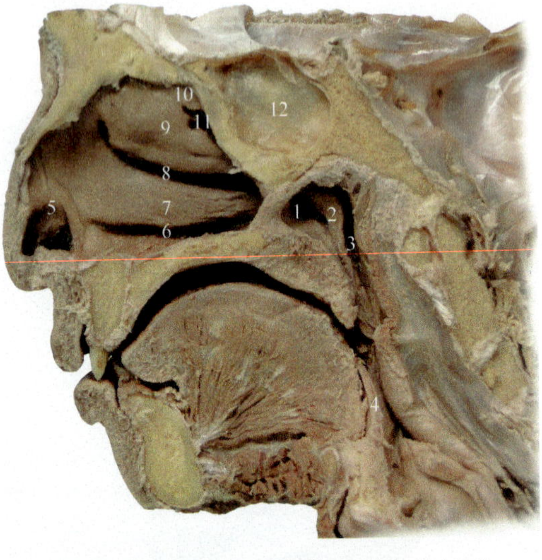

图4-3　鼻腔、口腔、咽和喉(正中矢状切面)

1. 咽鼓管咽口;2. 咽鼓管圆枕;3. 咽隐窝;4. 会厌;5. 鼻阈;6. 下鼻道;7. 下鼻甲;8. 中鼻道;9. 中鼻甲;10. 上鼻甲;11. 上鼻道;12. 蝶窦

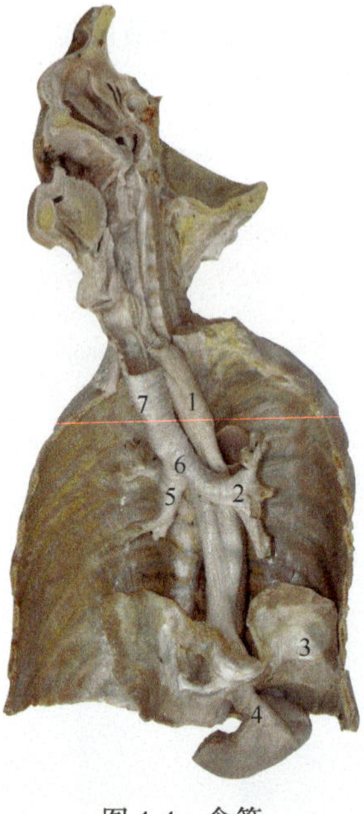

图4-4　食管

1. 食管胸段;2. 左主支气管;3. 膈中心腱;4. 食管腹段;5. 右主支气管;6. 气管杈;7. 气管胸段

表4-2　食管的3个狭窄及其位置

	第一狭窄	第二狭窄	第三狭窄
位置	起始处	与左主支气管交点处	穿过膈的食管裂孔处
距中切牙距离(cm)	15	25	40

（四）胃

1. 胃的位置、形态及分部

（1）位置：胃大部分位于左季肋区，小部分位于腹上区。

（2）形态：胃呈曲颈瓶状，有两壁，分别为前壁与后壁；有两缘，上缘较短为胃小弯，下缘较长为胃大弯；有两口，入口为贲门，出口接十二指肠为幽门。

（3）分部：胃可分为贲门部、胃底、胃体和幽门部（胃窦）。幽门部又分为幽门窦和幽门管。

2. 胃壁的结构　在剖开胃标本上观察胃黏膜形态，注意小弯侧黏膜皱襞的走行规律（图4-5）。

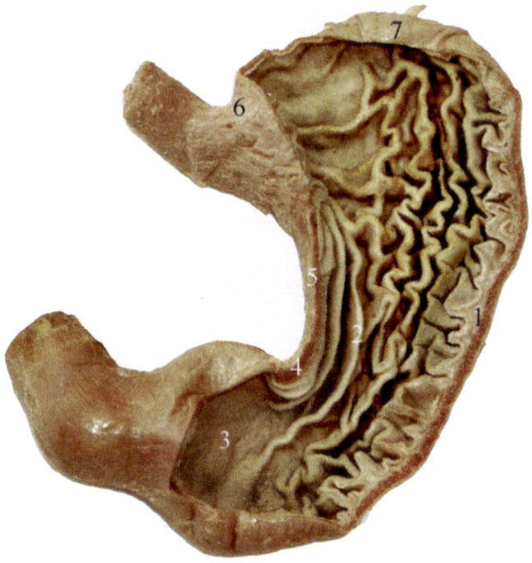

图4-5　胃

1. 胃大弯；2. 胃道；3. 幽门窦；4. 角切迹；5. 胃小弯；6. 贲门切迹；7. 胃底

反刍胃　牛的胃由4个胃室组成，即瘤胃、蜂巢胃、重瓣胃和皱胃。食物按顺序流经这4个胃室，其中一部分在进入重瓣胃前返回到口腔内再咀嚼，其过程称为“反刍”。这4个胃室并非连成一条直线，而是相互交错存在。

（五）小肠

1. 十二指肠　在标本上观察十二指肠的分部以及与胰腺的关系，在整体标本上观察其位置和毗邻。

（1）上部：续于幽门，位于肝的下方。

（2）降部：沿脊柱右侧肾门前下降，在第3腰椎水平向左移行为水平部。在剖开的标本上观察其内侧缘的十二指肠大乳头和十二指肠小乳头及黏膜皱襞。

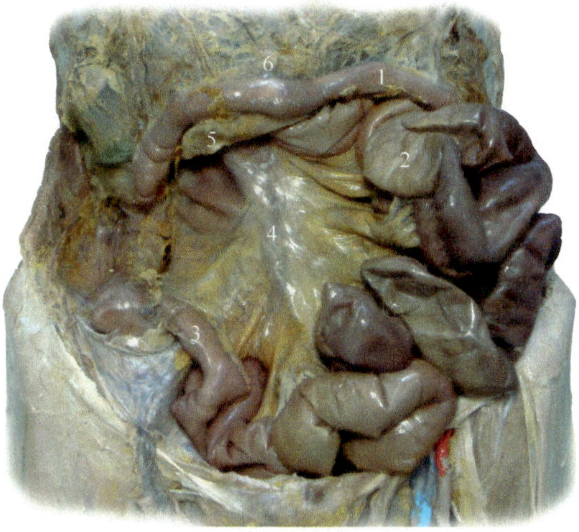

图4-6　空肠和回肠

1. 横结肠；2. 空肠；3. 回肠；4. 肠系膜；5. 横结肠系膜；6. 大网膜

（3）水平部：从右至左横过下腔静脉及第3腰椎。

（4）升部：在主动脉前方斜向左上方行走至第2腰椎水平，移行为十二指肠空肠曲。拉动十二指肠空肠曲，辨认十二指肠悬肌。

2. 空肠与回肠　在整体标本上观察空回肠的位置、起止点。空肠主要位于左上腹部，起于十二指肠空肠曲；回肠主要位于右下腹部，止于回盲部，二者并无明显分界（图4-6）；轻轻提起肠管，探查其肠系膜根部即可发现它从左上腹行向右髂窝。

在游离标本上观察空回肠壁的厚薄、

黏膜皱襞稀疏及高度;在纵切的空肠和回肠腔面,辨认孤立淋巴滤泡和集合淋巴滤泡。

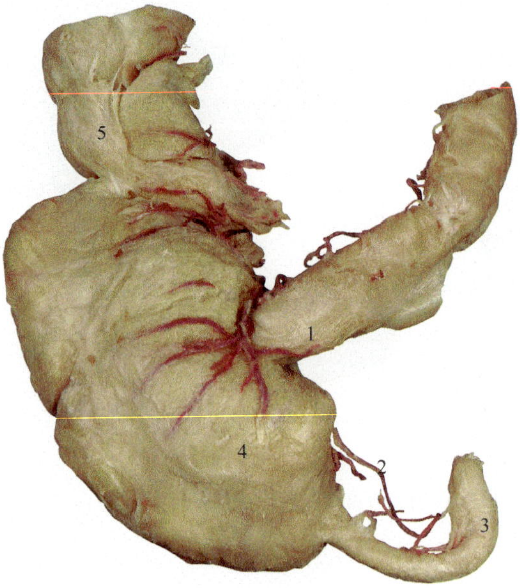

图 4-7 盲肠和阑尾

1. 回肠;2. 阑尾动脉;3. 阑尾;4. 盲肠;5. 升结肠

(六) 大肠

1. 盲肠与阑尾 在回盲瓣水平以下的大肠为盲肠,位于右髂窝内(图 4-7)。盲肠内下方伸出的小突起为阑尾,阑尾与盲肠的位置关系变化较多。利用游离标本剪开观察回盲瓣的构造,在整体标本的腹壁上确定阑尾的体表投影。

2. 结肠 辨认结肠带、结肠袋和肠脂垂(图 4-8)。在整体标本上向盲肠方向追踪 3 条结肠带,找到它们在盲肠的汇合点,注意与阑尾的关系。

结肠分升结肠、横结肠、降结肠和乙状结肠 4 部。因横结肠和乙状结肠的肠系膜较长,故它们的活动度较大;注意结肠左曲、结肠右曲的位置和毗邻关系。

3. 直肠 在正中矢状切面的盆腔标本上观察直肠的位置和前后弯曲,骶曲凹向前,尾曲凹向后;观察男女性直肠前面的毗邻关系(图 4-9)。

4. 肛管 在剖开的标本上观察内面纵行的黏膜皱襞(即肛柱),相邻两肛柱下端的横瓣为肛瓣,肛窦为相邻两肛柱下端和肛瓣共同围成的开口向上的小囊袋。肛柱下端,肛瓣相互连接,在肛门上方形成一圈锯齿状的黏膜皱襞环,称为齿状线。肛梳、白线均位于齿状线的下方(图 4-9)。

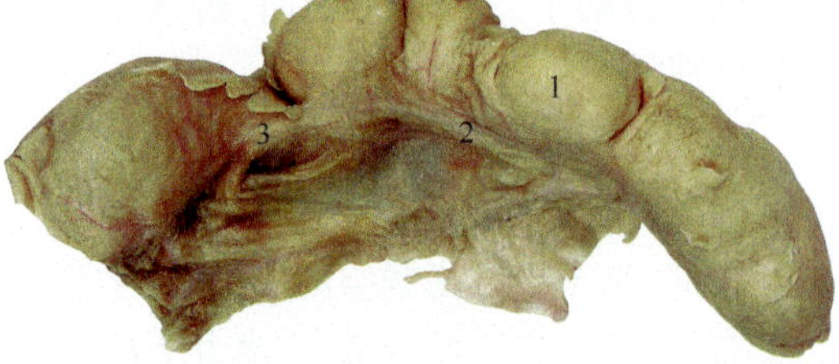

图 4-8 结肠

1. 结肠袋;2. 结肠带;3. 肠脂垂

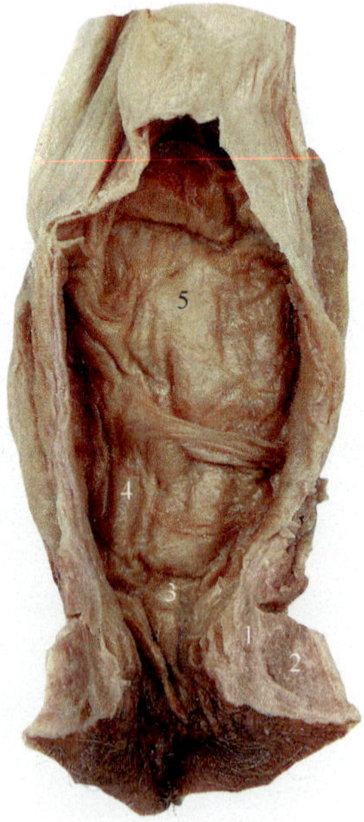

图 4-9 直肠与肛管

1. 肛门内括约肌;2. 肛门外括约肌;3. 齿状线;4. 肛柱;5. 直肠壶腹

灌肠术　灌肠术(enema)是将一定容量的液体经肛门逆行灌入大肠,以促使排便,解除便秘,减轻腹胀,清洁肠道。一般采取左侧卧位。结肠灌洗应取右侧卧位,使乙状结肠、降结肠在上方,有利于全程结肠内容物的清除。

(七) 肝脏

用离体的肝脏标本观察。

1. 外形及分叶　肝脏上面接触膈肌称膈面,下面与其他脏器接触称脏面。在脏面的中部有两个纵沟和一个横沟,大致排列成"H"形;左纵沟的前半容纳由脐静脉闭锁而成的肝圆韧带,左纵沟的后半容纳静脉导管闭锁而成的静脉韧带。右纵沟的前半是长圆形浅窝的胆囊窝,后半是深而长的窝,称为腔静脉沟,内有下腔静脉。两纵沟之间的横沟称为肝门,是肝固有动脉左、右支以及神经和淋巴管进出之处、出入肝门的结构被结缔组织包裹称为肝蒂。"H"形的沟裂,把肝脏分成 4 叶,右纵沟右侧的区域为右叶,左纵沟左侧的区域为左叶。左右纵沟之间,横沟前方的区域称方叶,横沟以后的区域称尾状叶(图 4-10)。

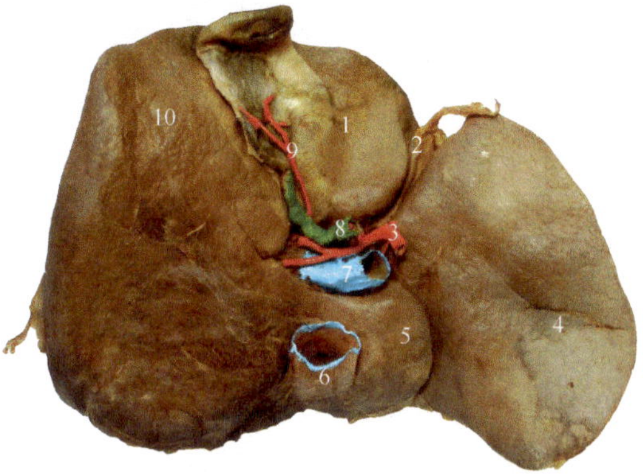

图 4-10　肝脏面

1. 肝方叶;2. 肝圆韧带;3. 肝固有动脉;4. 肝左叶;5. 肝尾状叶;6. 下腔静脉;7. 门静脉;8. 肝总管;9. 胆囊动脉;10. 肝右叶

图 4-11　肝穿刺

1. 前锯肌;2. 肋间肌;3. 肋膈隐窝;4. 膈肌;5. 肝

肝穿刺术　肝穿刺术(liver biopsy)是借助穿刺针直接刺入肝的一种诊疗技术。患者体位取仰卧位,躯体右侧靠近床沿,右上屈肘置于枕后。由浅入深依次经皮肤、浅筋膜、深筋膜及前锯肌、肋间外肌、肋间内肌、胸内筋膜、壁胸膜、肋膈隐窝、膈、膈下间隙,进入肝实质(图 4-11)。

2. 肝外胆道　胆囊位于胆囊窝内。胆囊管弯曲,向下至小网膜右缘内,与肝总管汇合成胆总管。循胆总管向肝门方向追踪可见肝总管分左、右肝管入肝;向下追踪见胆总管经十二指肠降部与胰头之间、在十二指肠降部中点斜穿肠壁开口于十二指肠大乳头(图 4-12)。

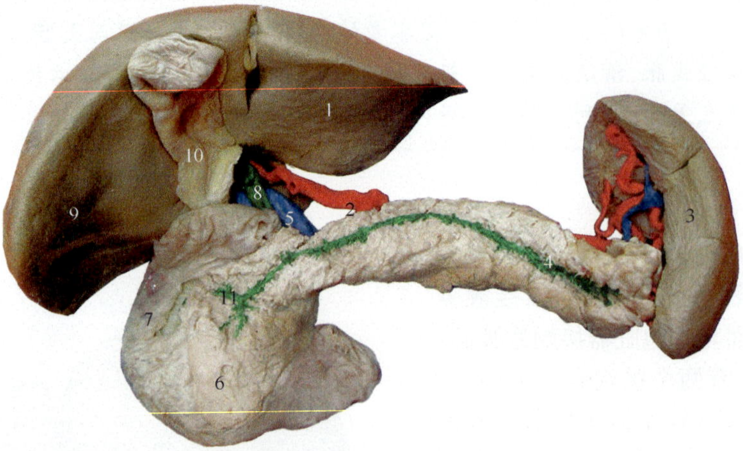

图 4-12　肝、胰、十二指肠与脾

1. 肝左叶;2. 肝固有动脉;3. 脾;4. 主胰管;5. 门静脉;6. 胰头;7. 十二指肠降部;8. 胆总管;9. 肝右叶;10. 胆囊;11. 副胰管

3. 胰　结合整体标本观察胰腺和十二指肠标本。胰腺横位于腹膜后隙,分为头、体、尾三部。胰头被十二指肠包绕。胰体占胰的大部,胰体的左端就是胰尾与脾接触。

胰腺导管:在腺体前面一部分组织已被剥除的标本上,可见一条与胰腺长轴平行的细管,从左走向右,沿途收纳许多小管。在胰头与十二指肠降部之间与胆总管汇合成肝胰壶腹,开口于十二指肠乳头(图 4-12)。

(庄跃宏)

思　考　题

1. 简述唾液腺的名称及开口位置。
2. 简述在进食与空腹时胆汁的排出途径。

第五章 呼吸系统

一、学习要求

(1) 掌握呼吸系统的组成,上呼吸道、下呼吸道的区分;了解呼吸道的构造和功能特点。

(2) 了解外鼻的形态结构;掌握鼻腔的构成、分部和各部的形态结构;掌握鼻旁窦的名称、位置和开口部位,了解各鼻旁窦的形态特点。

(3) 掌握喉的构成和位置,喉软骨的组成、名称和位置;了解喉的连结方式和形态,喉肌的名称、位置和作用;掌握喉腔的形态结构,了解活体喉口和声门的形态。

(4) 掌握气管的位置和构造特点,左、右主支气管的形态差别。

(5) 掌握肺的位置、形态和分叶,了解肺内支气管及肺段的概念。

(6) 掌握胸膜和胸膜腔的概念,胸膜的分部及胸膜隐窝的位置及其临床意义,了解胸膜和肺的体表投影。

(7) 掌握纵隔的概念和分部,了解纵隔各部的内容。

二、验证学习标本

(1) 显示鼻腔内侧壁和鼻腔外侧壁的头部正中矢状面标本。

(2) 显示呼吸系统全貌的胸腹前壁切开的标本。

(3) 喉软骨、韧带、气管和支气管标本(切开后壁,可显示喉腔内部结构)。

(4) 显示喉软骨、韧带、喉腔的正中矢状面标本。

(5) 气管连支气管树标本,气管、支气管连肺标本,游离的左、右肺标本。

(6) 显示肺、胸膜腔、胸膜隐窝和纵隔的胸腔(含有肋胸膜)标本。

(7) 胸腹前壁切开模型、鼻旁窦模型、喉软骨模型、喉肌模型。

(8) 气管连支气管树模型。

三、注意事项

呼吸系统的结构比较小,应须仔细观察。

四、验证性学习

(一) 呼吸系统全貌

在胸腹前壁切开标本或模型上,观察鼻、咽、喉、气管、支气管和肺的位置、形态和相互关系。

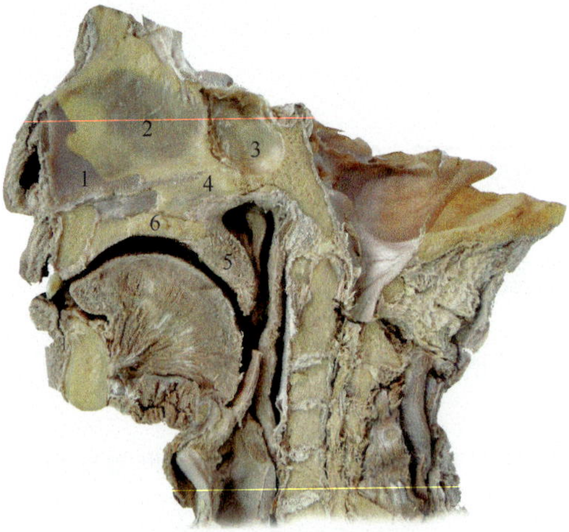

图 5-1 鼻腔内侧壁

1. 鼻中隔软骨；2. 筛骨垂直板；3. 蝶窦；4. 犁骨；5. 软腭；6. 硬腭

(二) 鼻和鼻旁窦

在活体上互相观察外鼻的形态；在头颈部矢状切标本和模型上观察鼻腔分部、鼻中隔、鼻腔外侧壁的结构；在鼻旁窦标本和模型上观察额窦、蝶窦、上颌窦和筛窦的位置及其开口(图 4-3，图 5-1，表 5-1)。

表 5-1 鼻旁窦的名称、位置和开口位置

	额窦	筛窦	蝶窦	上颌窦
位置	额骨眉弓深部	筛骨迷路内	蝶骨体内	上颌骨体内
开口	中鼻道	前中组开口于中鼻道，后组开口于上鼻道	蝶筛隐窝	中鼻道

(三) 喉

在活体上，观察喉的位置，其可随吞咽上、下移动；触摸甲状软骨和环状软骨。在喉软骨标本或模型上观察喉软骨及其连结；在喉的标本上观察环甲肌、环杓后肌、环杓侧肌、甲杓肌、杓肌和声带肌的位置。在头颈部矢状切标本和模型上观察喉的位置及其与咽、气管通连情况，喉黏膜形成的结构和喉腔的分部。在喉的模型和标本上观察甲状软骨、环状软骨、杓状软骨和会厌软骨的位置和形态(图 5-2～图 5-4)。

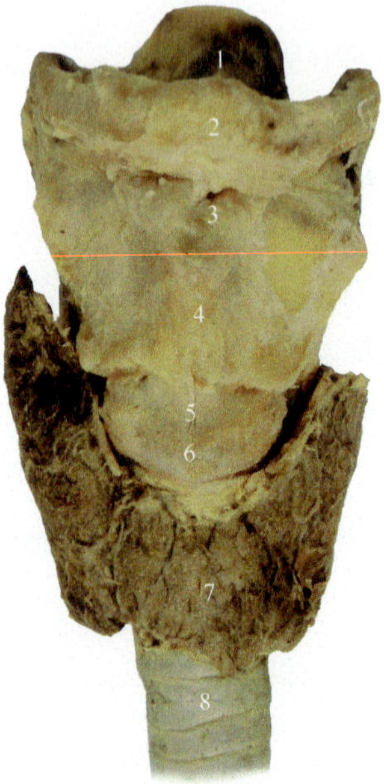

图 5-2 喉软骨和韧带(前面)

1. 会厌软骨；2. 舌骨；3. 甲状舌骨膜；4. 甲状软骨；5. 环甲正中韧带；6. 环状软骨弓；7. 甲状腺；8. 气管软骨

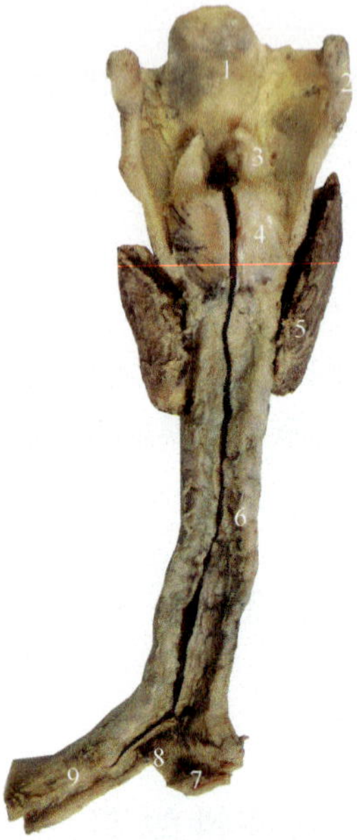

图 5-3 喉软骨、韧带、气管和支气管(后面)

1. 会厌；2. 甲状软骨上角；3. 杓状软骨；4. 环状软骨板；5. 甲状腺侧叶；6. 气管；7. 右主支气管；8. 气管杈；9. 左主支气管

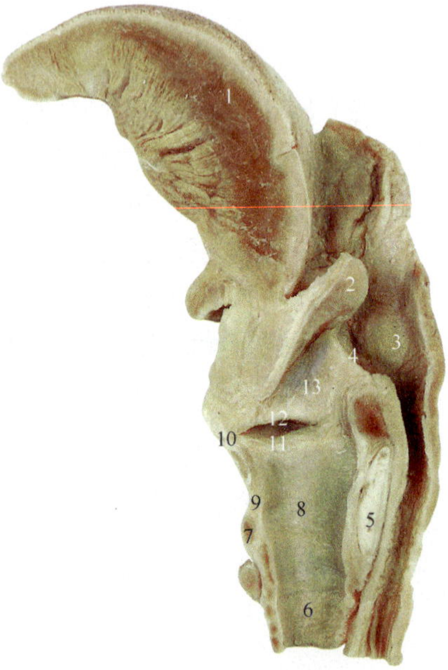

图 5-4 喉软骨、韧带和喉腔(正中矢状切面)

1. 舌；2. 会厌；3. 喉咽；4. 杓会厌襞；5. 环状软骨板；6. 气管腔；7. 环状软骨弓；8. 声门下腔；9. 环甲正中韧带；10. 甲状软骨；11. 声襞；12. 前庭襞；13. 喉前庭

环甲膜穿刺术 环甲膜穿刺术是在环甲膜(弹性圆锥)处行穿刺术,直接将药物注入气管内,以治疗下呼吸道和肺部疾病的方法。也适用于急性喉梗塞的抢救,以建立临时呼吸通道。

穿刺部位:患者取平卧位,头后仰,环甲膜穿刺常取颈前正中线,甲状软骨下方与环状软骨上缘之间的凹陷处;此处深面即是环甲膜(环甲正中韧带)。

穿经结构:穿刺针由浅入深穿经皮肤、浅筋膜、深筋膜、环甲膜(环甲正中韧带)、黏膜下层、喉黏膜、进入声门下腔(图5-5)。

(四) 气管和支气管

在气管与主支气管标本和模型上观察气管与主支气管的位置及其相互关系,注意气管软骨环与气管膜壁的形态;比较左、右主支气管的差别;在气管切开标本上观察气管隆嵴(图5-3、图5-6)。

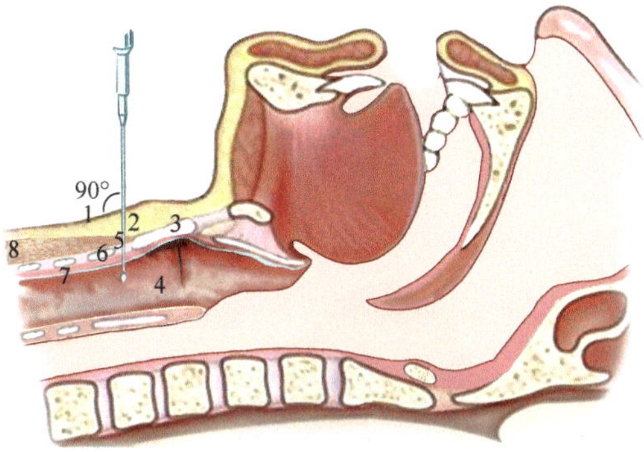

图5-5 环甲膜穿刺

1. 皮肤;2. 浅筋膜;3. 甲状软骨;4. 声门下腔;5. 环甲膜;6. 环状软骨弓;7. 喉黏膜;8. 舌骨下肌群

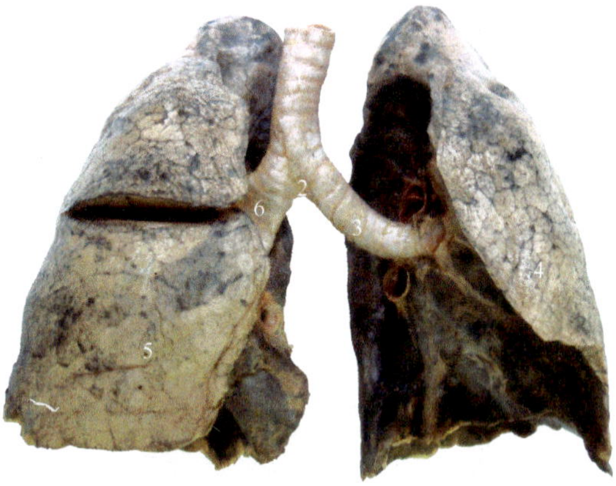

图5-6 气管、支气管和肺前面观

1. 气管;2. 气管杈;3. 左主支气管;4. 左肺;5. 右肺;6. 右主支气管

气管内插管术 气管内插管术是指将气管导管通过口腔或鼻腔插入患者气管内,是一种气管内麻醉和抢救患者的技术,也是保持上呼吸道通畅的最可靠手段。

将气管导管经口腔或经鼻腔、咽、喉腔进入气管,导管插入气管内的深度成人为4~5cm,导管尖端至中切牙的距离18~22cm。插管完成后,要确认导管已进入气管内再固定。确认方法有:①压胸部时,导管口有气流;②人工呼吸时,可见双侧胸廓对称起伏,并可听到清晰的肺泡呼吸音;③如用透明导管时,吸气进管壁清亮,呼气时可见明显的“白雾”样变化;④患者如有自主呼吸,接麻醉机后可见呼吸囊随呼吸而张缩(图5-7)。

(五) 肺

在胸腹前壁剖开标本和模型上观察肺的形态和位置;在游离肺标本上辨认肺的形态结构;在标本上观察支气管进入肺后的分支(图5-6、图5-8~图5-12)。

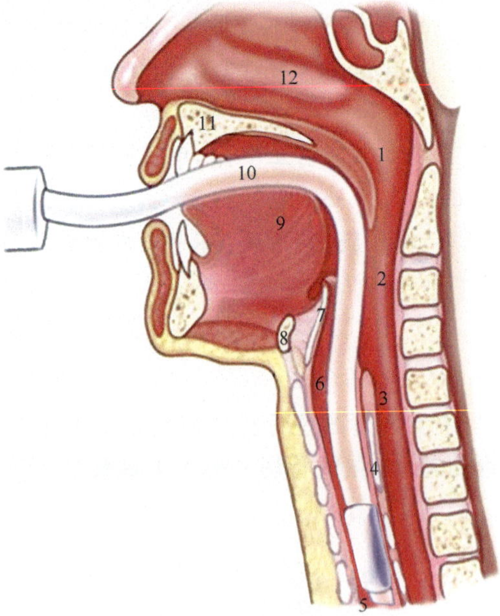

图 5-7　气管内插管

1. 鼻咽;2. 口咽;3. 喉咽;4. 环状软骨板;5. 气管腔;6. 喉腔;7. 会厌;8. 舌骨;9. 舌;10. 气管插管;11. 腭;12. 鼻腔

图 5-8　右肺前面观

1. 肺尖;2. 上叶;3. 水平裂;4. 中叶;5. 斜裂;6. 下叶

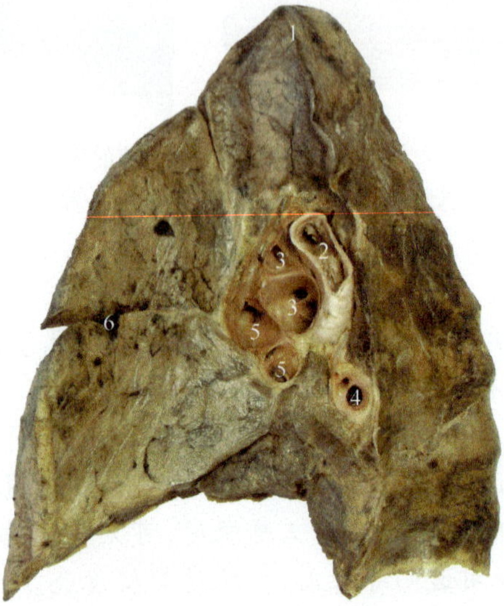

图 5-9　右肺内面观

1. 肺尖;2. 右主支气管;3. 右肺动脉;4. 右肺下静脉;5. 右肺上静脉;6. 水平裂

图 5-10　左肺前面观

1. 肺尖;2. 上叶;3. 斜裂;4. 下叶

图 5-11 左肺内面观

1. 肺尖；2. 左肺上静脉；3. 心压迹；4. 左肺下静脉；5. 左主支气管；6. 左肺动脉

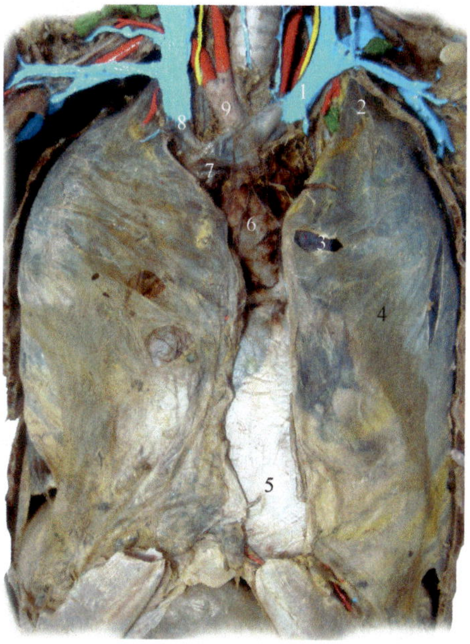

图 5-12 胸膜腔（前面）

1. 左头臂静脉；2. 胸膜顶；3. 胸膜腔；4. 肋胸膜；5. 心包；6. 主动脉弓；7. 上腔静脉；8. 右头臂静脉；9. 头臂干

（六）胸膜腔

在胸腹前壁剖开标本和模型上观察脏胸膜和壁胸膜的分部，观察纵隔胸膜、膈胸膜、肋胸膜和胸膜顶的位置；观察胸膜腔和肋膈隐窝的位置（图 5-12）。

胸膜腔穿刺术 临床上对于外伤性血气胸、胸腔积液患者常进行胸膜腔穿刺术，以助诊断和治疗。一般在肩胛线第 7～8 肋间或腋中线第 5～6 肋间穿刺。穿刺针依次经过皮肤、浅筋膜、深筋膜、背阔肌或前锯肌、肋间外肌、肋间内肌、胸内筋膜、肋胸膜进入胸膜腔（图 5-13）。

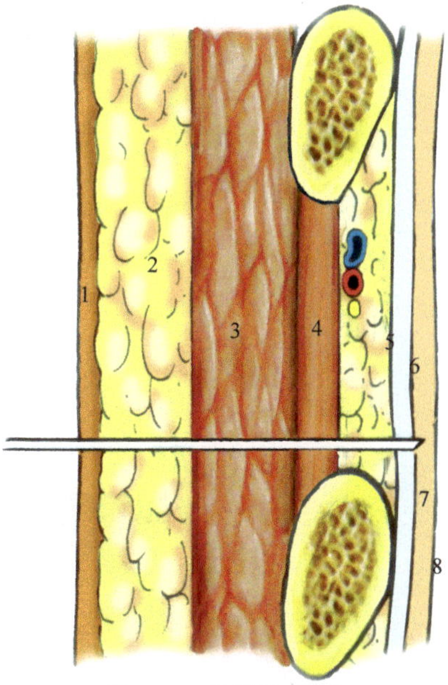

图 5-13 胸膜腔穿刺

1. 皮肤；2. 浅筋膜；3. 胸壁肌；4. 肋间肌；5. 胸内筋膜；6. 壁胸膜；7. 胸膜腔；8. 脏胸膜

（七）纵隔

在胸腹前壁剖开标本和模型上观察纵隔的位置和分部（图 5-12）。

（林穗金）

思 考 题

1. 鼻腔有哪些特点和功能？
2. 为什么人体的左肺分 2 叶、右肺分 3 叶？
3. 人体如何通过骨骼肌调节呼吸运动？

第六章　泌尿系统

一、学习要求

(1) 掌握泌尿系统的组成和功能。

(2) 掌握肾的形态、位置和毗邻,肾的内部结构,肾的被膜;了解肾的异常(多囊肾、单侧肾等)。

(3) 掌握输尿管的形态、位置及其在盆腔(特别是女性)的主要毗邻;掌握输尿管的狭窄和临床意义。

(4) 掌握膀胱的形态位置和分部;了解膀胱的年龄变化,膀胱与腹膜的关系及其临床意义;了解膀胱壁的构造,掌握膀胱三角的位置和临床意义。

(5) 掌握女性尿道的毗邻和开口位置。

图 6-1　男性泌尿系统概况

1. 左肾;2. 左输尿管;3. 膀胱;4. 左输精管;5. 左附睾;6. 前列腺;7. 阴茎;8. 右睾丸;9. 右输精管;10. 右肾上腺

二、验证学习标本

(1) 显示肾和输尿管等腹膜后隙的标本。

(2) 显示男性输尿管、输精管、精囊和尿道的标本。

(3) 显示女性输尿管与子宫动脉关系的标本。

(4) 男性、女性盆腔正中矢状切标本。

(5) 显示肾内部结构的肾冠状面标本。

(6) 切开膀胱上壁显示膀胱三角的标本。

三、注意事项

(1) 肾的位置要在整体腹后壁标本上观察;肾外周包被的结构就是肾被膜,观察时应该仔细辨认三层被膜。

(2) 学习泌尿系统各个器官的形态结构时,要理解形态与功能的关系。

(3) 注意男性、女性尿道结构和功能的不同。

四、验证性学习

泌尿系统由肾、输尿管、膀胱和尿道 4 个部分组成(图 6-1)。

(一) 肾

1. 肾的形态　肾是暗红色的实质性器官,

分为上、下两端，前、后两面，内、外侧两缘。内侧缘中部凹陷称肾门，有肾动脉、肾静脉、肾盂、神经以及淋巴管等结构出入，这些出入肾门的结构被结缔组织包裹在一起，合称肾蒂（图 6-2）。肾门向肾实质内续于一个较大的腔，称肾窦。

2. 肾的位置 肾位于脊柱的两侧，紧贴腹后壁上部（图 6-3）。一般左肾上端平第 11 胸椎体下缘，下端平第 2 腰椎体下缘，第 12 肋斜过左肾后方的中部。右肾由于受肝脏的影响，位置比左肾低半个椎体，右肾上端平第 12 胸椎体，下端平第 3 腰椎体，第 12 肋斜过右肾后方的上部。

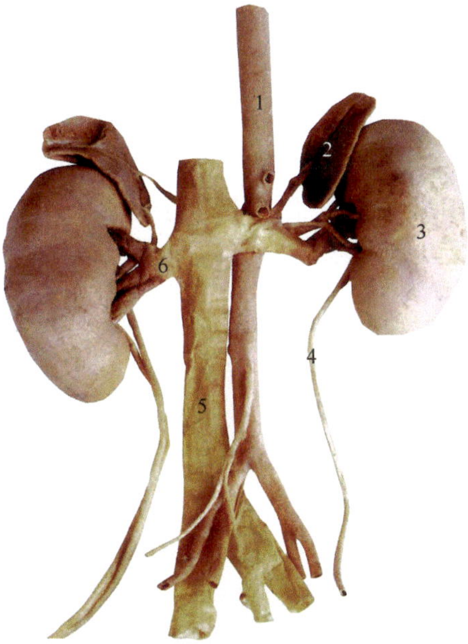

图 6-2 肾的形态

1. 腹主动脉；2. 左肾上腺；3. 左肾；4. 左输尿管；5. 下腔静脉；6. 右肾静脉

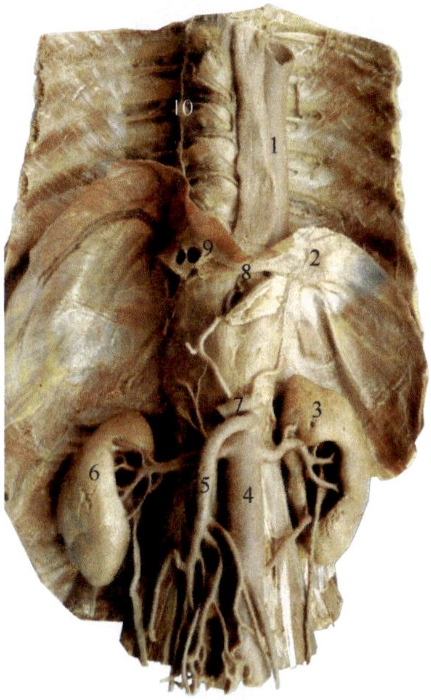

图 6-3 肾的位置

1. 胸主动脉；2. 膈；3. 左肾；4. 腹主动脉；5. 肠系膜上动脉；6. 右肾；7. 腹腔干；8. 食管裂孔；9. 腔静脉孔；10. 交感干

竖脊肌外侧缘与第 12 肋的夹角称肾区（脊肋角）。在某些肾疾病患者，叩击或触压此区可引起疼痛。

3. 肾的结构 在肾的冠状切面上，肾实质可分为肾皮质和肾髓质两部分（图 6-4）。肾皮质位于肾表层，血管丰富；皮质伸入到肾髓质的部分称肾柱。肾髓质位于皮质的深层，主要由肾锥体构成。肾锥体呈圆锥形，底朝向皮质，尖端钝圆，称肾乳头。包绕肾乳头的膜性漏斗状短管，称肾小盏；2 ~ 3 个肾小盏合成一个肾大盏，有 2 ~ 3 个肾大盏，最后由肾大盏集合成一个肾盂。肾盂出肾门后逐渐变小，在肾下端处移行为输尿管。

4. 肾的被膜 肾的表面有 3 层被膜，自内向外依次为纤维囊、脂肪囊和肾筋膜。纤维囊为一薄层结缔组织膜，紧贴在肾实质的表面。脂肪囊为肾纤维囊外周较厚的一层脂肪组织，对肾有减轻外力振荡的作用，故称为肾床。肾筋膜位于脂肪囊外周，分为前、后两层。

（二）输尿管

输尿管为一对细长的肌性管道，在肾下端处接于肾盂；输尿管不在肾蒂内（图 6-2）。根据输尿管的走行可分为腹段、盆段和壁内段 3 部分。腹段沿腰大肌前面下行，到小骨盆上缘；盆段在骨盆侧壁弯曲向前下，至膀胱底；壁内段斜穿过膀胱壁，开口于膀胱底。

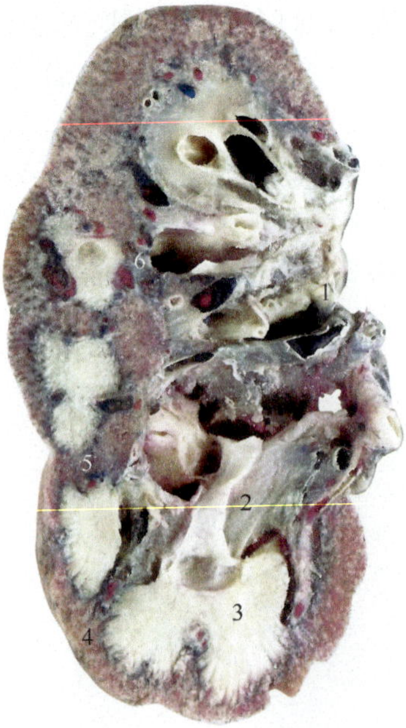

图 6-4　肾的结构

1. 肾窦;2. 肾大盏;3. 肾锥体;4. 肾皮质;5. 肾柱;6. 肾小盏

输尿管全长有 3 处狭窄,第 1 处在输尿管起始处;第 2 处在跨越髂血管处;第 3 处在穿膀胱壁处。

(三) 膀胱

膀胱是暂时贮尿的肌性囊状器官,空虚的膀胱可分为尖、体、底和颈 4 部。朝向前上方称膀胱尖,朝向后下方称膀胱底,尖与底之间称膀胱体,膀胱的最下部称膀胱颈,颈的下端有尿道内口。膀胱的位置随其充盈度而异,空虚时全部位于小骨盆腔内。当膀胱充盈时,膀胱尖和体可升起到耻骨联合上缘以上(图 6-5)。

在膀胱底内表面,两侧输尿管口与尿道内口之间的三角形区域,称膀胱三角。该三角缺少黏膜下层,黏膜薄而平滑,无论在膀胱空虚还是充盈的情况下,此区域黏膜光滑而无皱襞。

(四) 尿道

男性尿道兼有排尿和排精的功能,故在生殖系统中叙述。女性尿道短、宽、直,穿经尿生殖膈,以尿道外口终于阴道前庭的前部(图 6-6)。

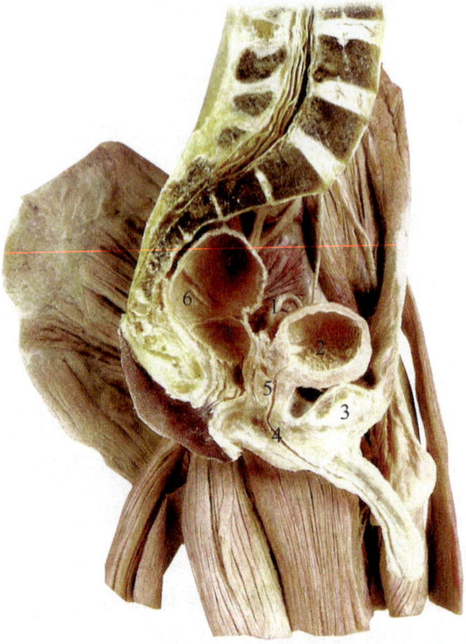

图 6-5　男性盆腔正中矢状切面

1. 输精管;2. 膀胱;3. 耻骨联合;4. 男性尿道;5. 前列腺;6. 直肠

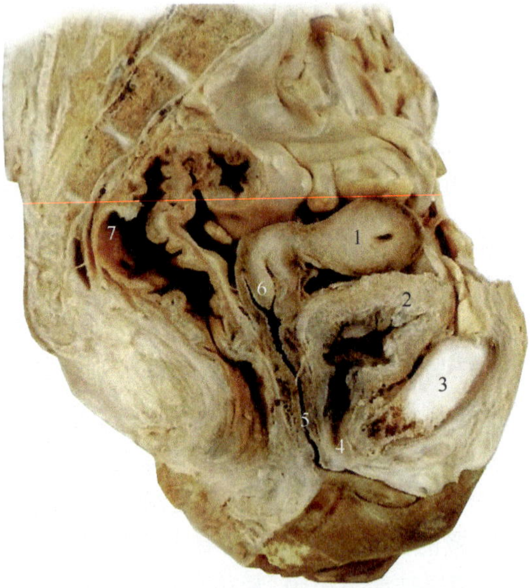

图 6-6　女性盆腔正中矢状切面

1. 子宫;2. 膀胱;3. 耻骨联合;4. 女性尿道;5. 阴道;6. 子宫颈;7. 直肠

(陈少强　郑　鸣)

思 考 题

1. 先天性肾脏畸形的种类有哪些?
2. 根据泌尿系统的组成和肾的结构,说明肾实质产生的尿液经哪些结构排出体外?
3. 男性肾盂的结石在排出体外过程中,容易在哪些部位发生滞留?
4. 为什么女性尿道炎的发病率比男性高?

第七章　生殖系统

生殖系统分为男性生殖系统和女性生殖系统，主要功能是分泌性激素和繁衍后代。男性、女性生殖系统均可按功能分为产生生殖细胞和分泌性激素的生殖腺、输送生殖细胞的生殖道和附属腺体3部分；亦可按部位分为内生殖器和外生殖器两部分（表7-1）。

表7-1　生殖系统组成

		男性生殖系统	女性生殖系统
内生殖器	生殖腺	睾丸	卵巢
	生殖道	附睾、输精管、射精管、男性尿道	输卵管、子宫、阴道
	附属腺	精囊、前列腺、尿道球腺	前庭大腺
外生殖器		阴囊、阴茎	女外阴

第一节　男性生殖系统

一、学习要求

（1）掌握男性生殖系统的组成；了解各器官的一般功能。

（2）掌握睾丸、附睾的位置和形态，精索的位置及其组成；了解睾丸和附睾的结构。

（3）掌握输精管的行程、位置和分部。

（4）了解阴茎的分部和形态结构；掌握阴茎包皮的形态。

（5）掌握前列腺的形态、位置和毗邻；了解前列腺的分叶。

（6）了解精囊的形态构造，射精管的形成、行径和开口。

（7）掌握男性尿道的分部、狭窄和弯曲。

二、验证学习标本

（1）显示输精管、精囊、前列腺的男性盆腔标本。

（2）男性盆腔正中矢状切面标本和模型。

（3）游离的男性泌尿生殖器标本。

（4）阴茎横切面和纵切面标本。

（5）显示睾丸和附睾、切开阴囊壁的标本。

三、注意事项

（1）观察生殖器标本时，要严肃认真。

（2）观察游离男性生殖器标本时，要将标本按解剖学姿势位置放好，以便于学习理解。

四、验证性学习

(一) 男性生殖器概况

在阴囊内,每侧有一卵圆形的睾丸,紧贴其后上端的是附睾。附睾尾部连接的细长管道为输精管。输精管经腹股沟管进入盆腔、至膀胱底的后面,末端膨大形成输精管壶腹。在膀胱底外侧,有一表面凹凸不平的精囊。在膀胱颈的下方,有一质地坚硬、呈栗子状的腺体,即前列腺。在盆腔的正中矢状面上,可见射精管斜穿前列腺,开口于尿道前列腺部。尿道球腺位于尿生殖膈内,排泄管开口于尿道球部(图 7-1、图 7-2)。

图 7-1　男性生殖系统概况

1. 输尿管;2. 膀胱;3. 精索;4. 附睾;5. 睾丸;6. 阴茎;7. 前列腺;8. 输精管;9. 肾;10. 肾上腺

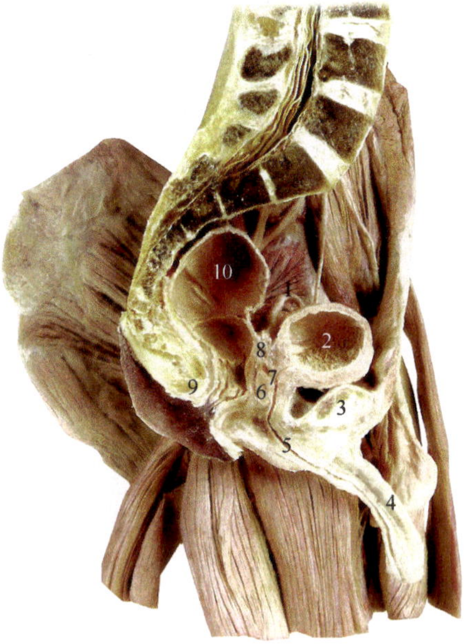

图 7-2　男性盆腔正中矢状切面

1. 输精管;2. 膀胱;3. 耻骨联合;4. 阴茎;5. 尿道;6. 前列腺;7. 射精管;8. 输精管壶腹;9. 肛门外括约肌;10. 直肠

(二) 阴囊与睾丸

1. 阴囊　为皮肤囊袋,位于阴茎的后下方。阴囊壁由皮肤和肉膜构成。阴囊深面有包被睾丸和精索的被膜,由外向内为:精索外筋膜、提睾肌、精索内筋膜和睾丸鞘膜。

2. 睾丸　位于阴囊内,左、右各一。睾丸呈略扁的卵圆形,表面光滑,分为内、外侧面,前、后两缘,上、下两端;后缘又称睾丸系膜缘(图 7-3)。

睾丸鞘膜腔积液穿刺术　睾丸鞘膜腔积液穿刺术(puncture of hydrocele)主要用于继发性睾丸鞘膜积液,通过此术可检查积液的性质,有助于病因诊断,并可通过注射药物进行治疗。

(三) 附睾、输精管及精索

1. 附睾 呈新月形,紧贴睾丸的上端和后缘,分为附睾头、附睾体和附睾尾。附睾末端急转向上续为输精管(图 7-3)。

2. 输精管 分为 4 部分:睾丸部、精索部(常为输精管结扎的部位)、腹股沟部和盆部;盆部末段膨大称为输精管壶腹。

3. 精索 为柔软的圆索状结构,由腹股沟管深环(腹环)延至睾丸上端。主要由输精管、睾丸动脉、蔓状静脉丛、神经丛、淋巴管和腹膜鞘突的残余等构成(图 7-4)。

图 7-3 睾丸和附睾

1. 输精管;2. 附睾体;3. 附睾尾;4. 睾丸;5. 附睾头

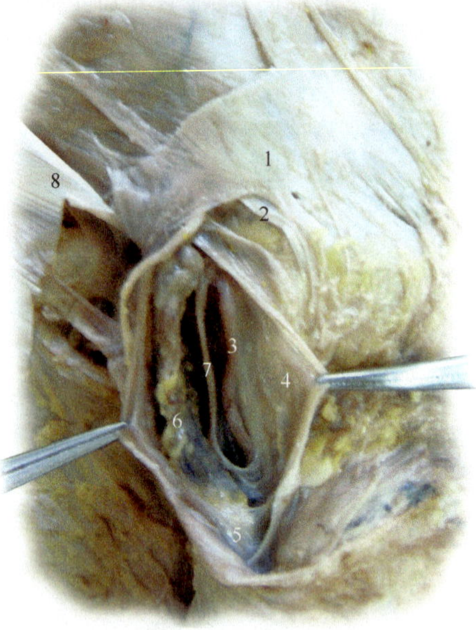

图 7-4 精索和被膜

1. 腹外斜肌腱膜;2. 腹股沟管皮下环;3. 精索动脉;4. 精索外筋膜;5. 精索内筋膜;6. 蔓状静脉丛;7. 输精管;8. 腹股沟韧带

(四) 精囊和射精管

1. 精囊 位于膀胱底之后、输精管壶腹外侧,是一对长椭圆形的囊状腺体(图 7-5)。

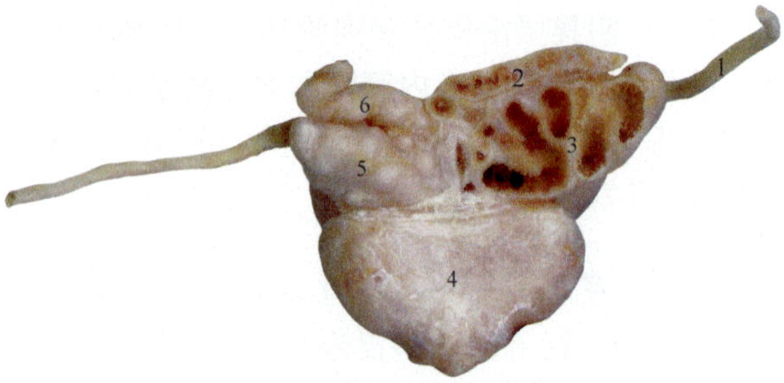

图 7-5 精囊和前列腺(后面观)

1. 输尿管;2. 输精管壶腹(切开);3. 精囊(切开);4. 前列腺;5. 精囊;6. 输精管壶腹

2. 射精管 输精管壶腹下端与精囊排泄管汇合形成,斜穿前列腺实质,开口于尿道的前列腺部(图 7-2)。

(五) 前列腺

前列腺是单个的实质性器官,外有前列腺囊包被。在男性盆腔正中矢状切面标本上,可见前列腺位于膀胱颈和尿生殖膈之间(图 7-2)。尿道穿过前列腺,形成尿道的前列腺部。前列腺的背面紧邻直肠。

1. 形态 分为前列腺底、前列腺体和前列腺尖3部分。在离体的标本上,前列腺呈前后稍扁的板栗状,上端宽大为前列腺底,下端细小为前列腺尖,底与尖之间为前列腺体。体的后面正中有一纵行的浅沟,为前列腺沟。

2. 分叶 按围绕尿道所在部位分为前、中、后和两侧叶。

(六) 尿道球腺

尿道球腺为豌豆样大小的一对球状器官,位于尿生殖膈内,排泄管开口于尿道球部。

(七) 阴茎

阴茎分为头、体和根3部分,由3条海绵体外面包绕筋膜和皮肤而成。

1. 阴茎海绵体 两个,位于阴茎的背侧(图7-6)。

2. 尿道海绵体 一个,位于阴茎腹侧,其中央部有尿道,前方为阴茎头,后方为膨大的尿道球(图7-7)。在阴茎头尖端是呈矢状位的尿道外口,在腹侧有一条皮肤皱襞,连于包皮与尿道外口之间,此即包皮系带。

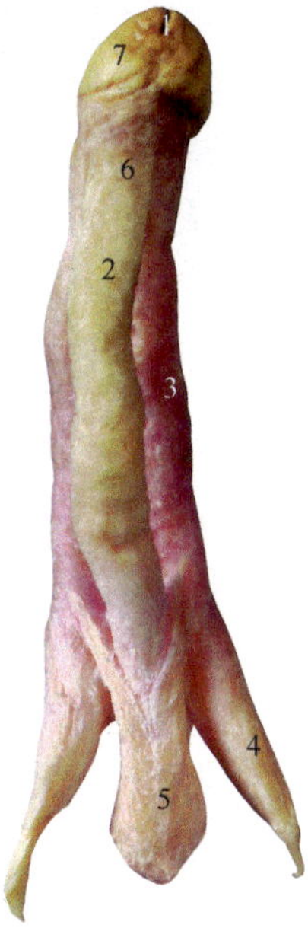

图7-6 阴茎的海绵体

1. 尿道外口;2. 尿道海绵体;3. 阴茎海绵体;4. 阴茎脚;5. 尿道球;6. 阴茎体;7. 阴茎头

(八) 男性尿道

男性尿道起自膀胱颈的尿道内口,止于阴茎头的尿道外口,包括三个部分、三个狭窄、三个扩大和两个弯曲。

1. 三个部分 为尿道前列腺部、尿道膜部(后尿道)和尿道海绵体部(前尿道)。

2. 三个狭窄 为尿道内口、尿道膜部和尿道外口。

3. 三个扩大 为尿道前列腺部、尿道球部和舟状窝。

4. 两个弯曲 为耻骨前弯和耻骨下弯。

图7-7 阴茎正中矢状面

1. 阴茎头;2. 阴茎海绵体;3. 尿道海绵体;4. 男性尿道;5. 尿道球;6. 前列腺;7. 精囊;8. 输精管;9. 输尿管;10. 膀胱

第二节 女性生殖系统

一、学习要求

(1) 掌握女性生殖系统的组成;了解各器官的一般功能。

(2) 掌握卵巢的位置、形态和韧带。

(3) 掌握输卵管的形态、位置、分部和临床意义。

(4) 掌握阴道的位置,阴道穹的位置和临床意义,尿道外口和阴道口的位置关系。

(5) 了解女性乳房的结构,掌握乳房悬韧带的概念及作用。

(6) 掌握会阴的位置和分部。

二、验证学习标本

(1) 显示子宫、输卵管、卵巢的女性盆腔标本。

(2) 女性盆腔正中矢状切面标本和模型。

(3) 游离的女性泌尿生殖器标本。

(4) 显示子宫壁和子宫腔的子宫标本。

(5) 会阴的标本和模型。

(6) 乳房标本。

三、注 意 事 项

(1) 观察生殖器标本时,要严肃认真。

(2) 观察游离女性生殖器标本时,要将标本按解剖学姿势位置放好,以便于学习理解。

四、验证性学习

(一) 女性生殖器概况

女性生殖系统由内生殖器和外生殖器两部分组成。内生殖器包括生殖腺——卵巢,生殖管道——子宫、输卵管和阴道,附属腺体——前庭大腺。外生殖器即女阴。此外,本节内容还包括女性乳房和会阴两个部分。

子宫位于盆腔的中央,膀胱和直肠之间。在子宫颈的下方为前后略扁的肌性管道——阴道。在盆腔两侧壁髂内、外动脉起始部的夹角(即卵巢窝)内各有一卵圆形的卵巢。输卵管连于子宫底的两侧(图 7-8、图 7-9)。

(二) 内生殖器

1. 卵巢

(1) 位置:位于盆腔内髂内外动脉起始部之间的夹角处,即卵巢窝内,子宫底的后外侧。

(2) 形态:为成对的实质性器官,呈扁椭圆形,分内、外侧面,上、下两端,前、后两缘。前缘称卵巢系膜缘,中部为卵巢门。

(3) 固定装置:卵巢系膜、卵巢悬韧带(骨盆漏斗韧带)、卵巢固有韧带(卵巢子宫索)分别与子宫阔韧带、盆腔侧壁和子宫角相连(图 7-10)。

2. 输卵管 连于子宫底的两侧,由内侧向外侧分为 4 部:①输卵管子宫部(输卵管子宫口);②输卵管峡(输卵管结扎的常用部位);③输卵管壶腹(受精部位);④输卵管漏斗(开口于腹膜腔,开口处称为输卵管腹腔口,周缘有输卵管伞)。

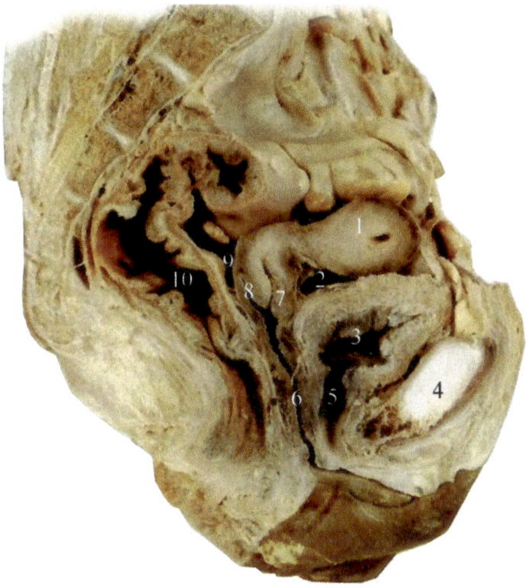

图 7-8 女性骨盆正中矢状面

1. 子宫;2. 膀胱子宫陷凹;3. 膀胱;4. 耻骨联合;5. 女性尿道;6. 阴道;7. 子宫颈;8. 阴道穹(后部);9. 直肠子宫陷凹;10. 直肠

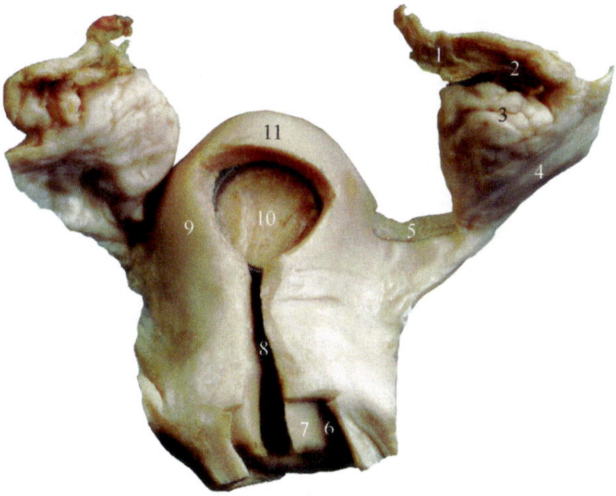

图 7-9 女性内生殖器

1. 输卵管伞;2. 输卵管漏斗;3. 卵巢;4. 输卵管壶腹;5. 输卵管峡;6. 阴道穹(侧部);7. 子宫颈;8. 子宫颈管;9. 子宫体;10. 子宫腔;11. 子宫底

临床上将卵巢和输卵管合称子宫附件。

3. 子宫

(1) 形态:成年未孕的子宫呈前后略扁、倒置的梨形,分为子宫底、子宫体和子宫颈 3 部分(图 7-9)。

1) 子宫底:为输卵管子宫口水平以上的圆凸部分;底的外侧部与输卵管连接的部分称为子宫角。

2) 子宫颈:为子宫下端长而狭细的部分。子宫颈分为突入阴道的子宫颈阴道部和阴道以上的子宫颈阴道上部。

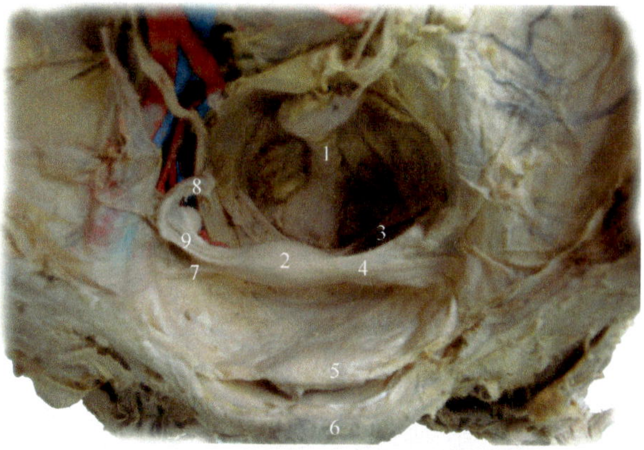

图 7-10 女性盆腔标本(前上面观)

1. 直肠;2. 子宫;3. 骶子宫韧带;4. 子宫阔韧带;5. 膀胱;6. 耻骨联合;7. 子宫圆韧带;8. 输卵管(伞部);9. 卵巢

3) 子宫体:子宫底与子宫颈之间的部为子宫体。

位于子宫体和子宫颈相连接的部位,称为子宫峡。在妊娠中后期,子宫峡可延长形成子宫下段,是剖宫术的常用手术切口部位。

子宫的内腔分为两部:在子宫体内的称子宫腔,在子宫颈内的称子宫颈管。

(2) 位置:子宫位于盆腔的中央,膀胱和直肠之间。成年女性子宫呈轻度前倾、前屈位。

前倾:是指子宫的长轴和阴道的长轴之间形成的向前开放的钝角。

前屈:是子宫体与子宫颈之间形成的一个向前开放的钝角。

(3) 子宫的固定装置(图 7-8、图 7-10):维持子宫正常位置的装置主要是盆膈的承托,其次是子宫周围韧带的牵引。子宫的韧带有:①子宫阔韧带,限制子宫向侧方移动;②子宫圆韧带,是维持子宫前倾的主要韧带;③子宫主韧带,对子宫颈位置的固定有重要作用,使子宫不向下脱垂;④骶子宫韧带,与子宫圆韧带一起维持子宫的前倾前屈位。

4. 阴道 是位于膀胱、尿道和直肠之间前后略扁的肌性管道。

上端:阴道上端围绕子宫颈阴道部,在子宫颈周围形成的环状腔隙,称阴道穹,分前、后和两侧部。

下端:阴道口,开口于阴道前庭。

阴道后穹穿刺术 阴道穹可分为前穹、后穹和两侧穹。后穹最深,与直肠子宫陷凹仅间隔以阴道后壁和一层腹膜。在立位和坐位时,直肠子宫陷凹是腹膜腔的最低处,腹膜腔内的炎性渗出液、血液、脓液等常积存于该陷凹内。

(三) 外生殖器

外生殖器即女阴,包括阴阜、大阴唇、小阴唇、阴道前庭、阴蒂、前庭球、前庭大腺等(图7-11)。

(四) 女性乳房

1. 位置 位于胸前壁的浅筋膜内,上至2~3肋,下至6~7肋,内达胸骨旁线,外至腋中线。

2. 形态 未产妇为半球形(图7-12)。

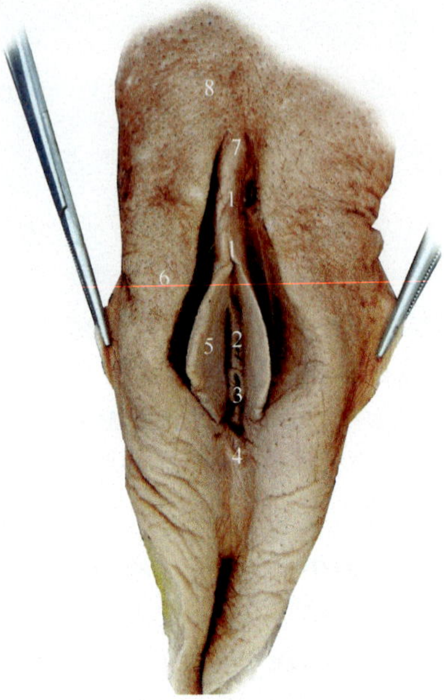

图7-11 女性外生殖器

1. 阴蒂包皮;2. 尿道外口;3. 阴道口;4. 唇后连合;5. 小阴唇;6. 大阴唇;7. 唇前连合;8. 阴阜

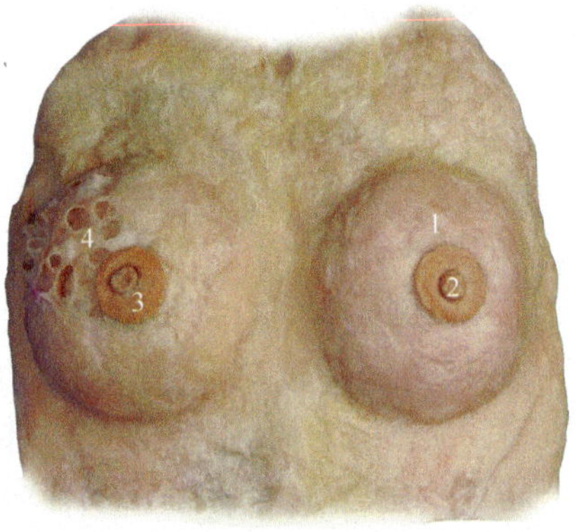

图7-12 女性乳房

1. 乳房脂肪体;2. 乳头;3. 乳晕;4. 乳腺小叶

3. 结构 由皮肤、纤维组织、脂肪组织和乳腺等构成。乳腺被纤维组织分隔分成15~20个乳腺叶。乳房的大小主要取决于脂肪组织的量。

4. 乳房悬韧带(Cooper 韧带) 为乳腺内连于深面胸筋膜和浅面皮肤之间的纤维束。

乳房自查 X线钼靶摄影检查乳腺，简便易行，对乳腺癌诊断特异性为87%～94%。女性也可在每月进行自我检查以早期发现乳房疾病。月经来潮后第9～11天为乳腺检查的最佳时间。乳房自我检查方法分平躺和站立检查两种。

平躺检查：躺下时头下不放枕头。左侧肩下垫一小枕，左手置于脑后。触摸看是否有硬块、淋巴结肿大，有无分泌物。触诊的方式应取转圆圈的方式，从乳头向外横向转动，检查延伸到腋下尤其重要。

站立检查：站在镜前，双手垂下，看看乳房外观是否正常？乳头有无凹陷？皮肤有无皱缩、隆肿……等现象？采用地毯式检查整个乳房范围。注意检查锁骨及腋下淋巴结。用拇指、示指轻捏乳头，挤压乳头下有无硬块，挤压有无分泌物流出。

(五) 会阴

会阴有广义和狭义之分。

1. 广义的会阴 指盆膈以下的所有软组织。

2. 狭义的会阴 在男性系指阴茎根部至肛门之间的软组织结构；在女性系指阴道前庭后端与肛门之间的软组织结构。

（宋 斌）

思 考 题

1. 试述精子生成后排出体外的途径。
2. 简述卵子的产生和排出途径。
3. 简述诊断异位妊娠进行阴道穿刺的解剖结构基础。

第八章　腹　　膜

一、学 习 要 求

(1) 掌握腹膜和腹膜腔的概念;了解腹膜的功能、腹膜与被覆脏器的关系。
(2) 掌握大网膜的构成和位置;了解大网膜的构成和功能。
(3) 掌握小网膜的位置、分部及其通过的结构,网膜囊、网膜孔的位置。
(4) 掌握各系膜的名称、位置和附着。
(5) 了解十二指肠悬韧带及肝和胃的韧带名称和位置。
(6) 掌握直肠膀胱陷凹和直肠子宫陷凹的位置。

二、验证学习标本

(1) 显示腹盆腔腹膜打开的腹前壁标本。
(2) 男女盆腔矢状切面标本和模型。
(3) 经网膜孔的腹腔横断面标本。

三、注 意 事 项

(1) 腹膜薄,极易损坏,观察时切忌用锐利器械翻动腹膜及腹膜形成的结构。

(2) 先观察腹腔脏器所在的位置,然后再寻找和辨认腹膜形成的结构。例如,在整体标本上先找到肝脏,然后将肝向上推移,便可清楚地见到下方的胃,再向下牵拉胃便可见到二者之间的小网膜。

四、验证性学习

(一) 腹膜腔的概况

在打开的腹膜腔中观察腹膜壁层和脏层、腹膜腔及器官与器官之间或器官与腹壁之间的腹膜形成物(韧带、网膜和系膜)(图 8-1、图 8-2)。

(二) 网膜

1. 小网膜　在打开的腹膜腔中观察行于肝门和胃小弯和十二指肠上部的双层腹膜结构(即小网膜),可见小网膜分为肝胃韧带和肝十二指肠韧带,观察肝胃韧带和肝十二指肠韧带两层腹膜内的结构,观察小网膜右缘游离后方为网膜孔。观察网膜孔的位置(图 8-2、图 8-3)。

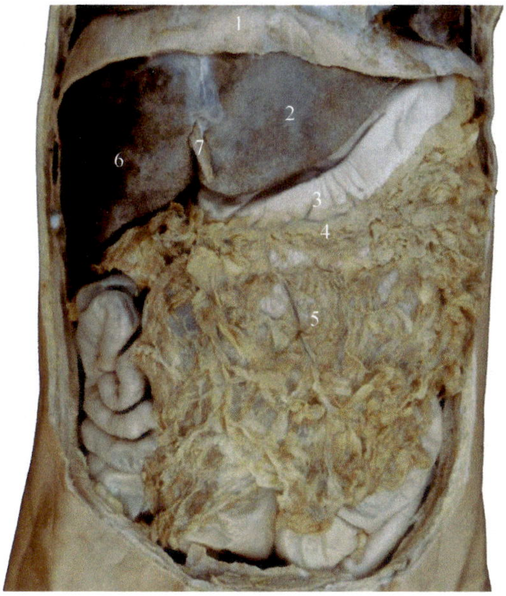

图 8-1 大网膜(前面观)

1. 膈;2. 肝左叶;3. 胃;4. 胃结肠韧带;5. 大网膜;6. 肝右叶;7. 肝圆韧带

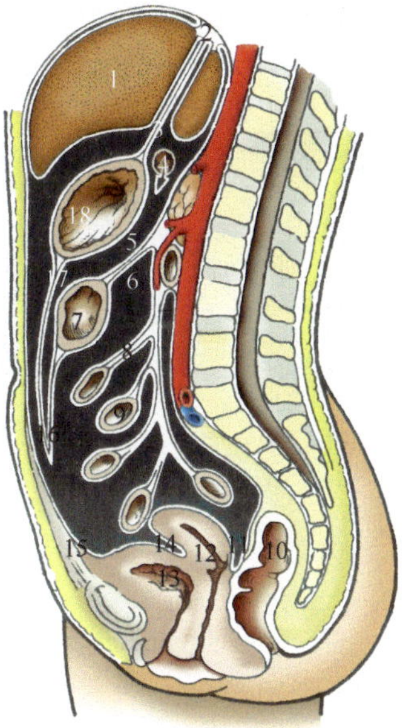

图 8-2 正中矢状面腹膜及腹膜腔

1. 肝左叶;2. 肝裸区;3. 小网膜;4. 网膜孔;5. 网膜囊;6. 横结肠系膜;7. 横结肠;8. 肠系膜;9. 空肠;10. 直肠;11. 直肠子宫陷凹;12. 子宫;13. 膀胱;14. 膀胱子宫陷凹;15. 壁腹膜;16. 大网膜;17. 胃结肠韧带;18. 胃

2. 大网膜 自胃大弯向下可见垂有帘子状的大网膜,成人几乎覆盖了胃下方全部的腹部脏器。小儿大网膜较短,仅能覆盖一部分脏器。观察胃结肠韧带,观察大网膜内的结构。

将大网膜翻起,可见蟠曲的小肠袢,小肠袢周围有大肠围绕,即居于右髂窝的盲肠和阑尾、右侧的升结肠、上方的横结肠、左侧的降结肠和左髂窝的乙状结肠等(图 8-1、图 8-2、图 8-4、图 8-5)。

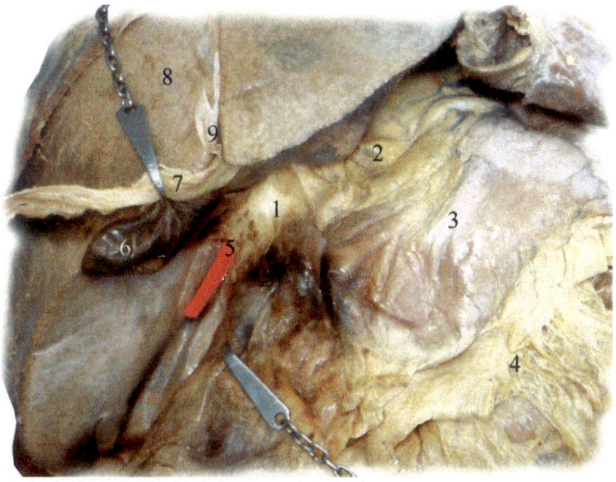

图 8-3 小网膜

1. 肝十二指肠韧带;2. 肝胃韧带;3. 胃;4. 大网膜;5. 网膜孔;6. 胆囊;7. 肝圆韧带;8. 肝;9. 镰状韧带

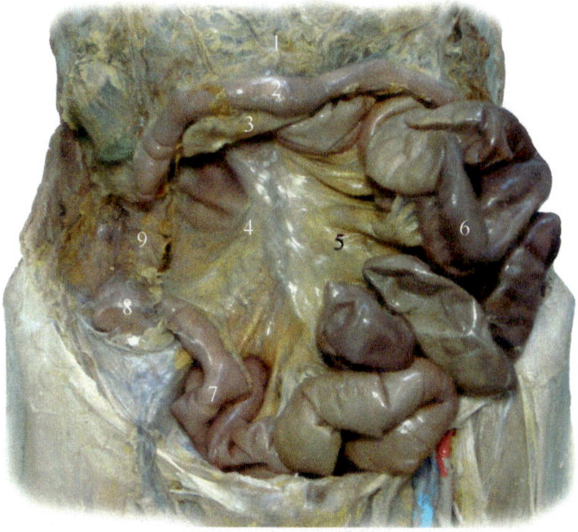

图 8-4 肠系膜

1. 大网膜;2. 横结肠;3. 横结肠系膜;4. 肠系膜根;5. 肠系膜;6. 空肠;7. 回肠;8. 盲肠;9. 升结肠

3. 网膜囊 观察网膜囊,即位于小网膜和胃后壁与腹后壁的腹膜之间的一个扁窄间隙,又称小腹膜腔。观察网膜囊的前壁、后壁、上壁、下壁、左侧、右侧的结构(图 8-6)。

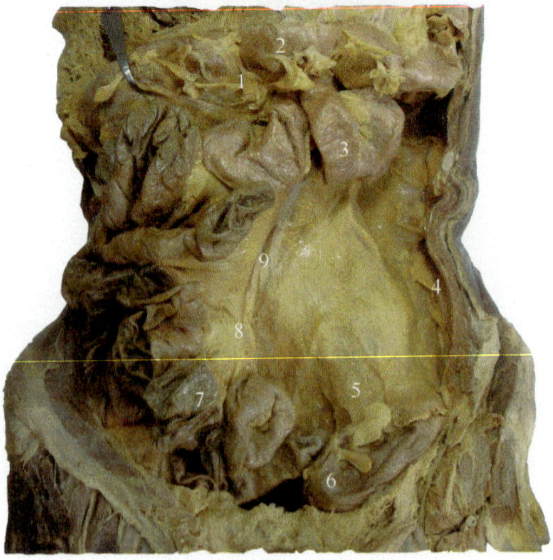

图 8-5 横结肠系膜

1. 横结肠系膜;2. 横结肠;3. 空肠;4. 左结肠旁沟;5. 乙状结肠系膜;6. 乙状结肠;7. 回肠;8. 小肠系膜;9. 肠系膜根

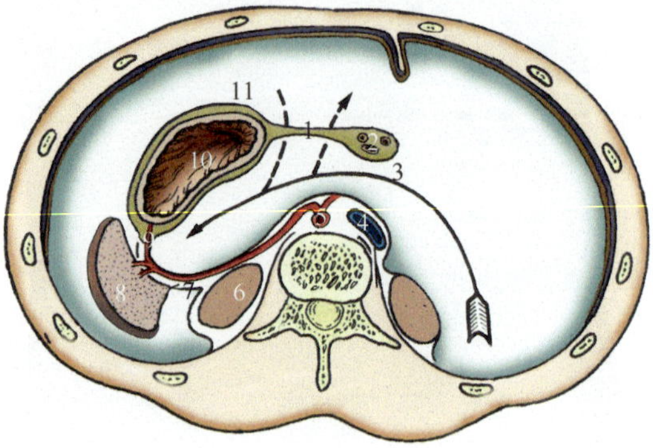

图 8-6 经网膜孔的横断面

1. 肝胃韧带;2. 肝十二指肠韧带;3. 网膜孔;4. 下腔静脉;5. 腹主动脉;6. 左肾;7. 脾肾韧带;8. 脾;9. 胃脾韧带;10. 胃;11. 腹膜腔

(三) 系膜

观察肠系膜的位置,把肠系膜对光映照,观察其内的结构,观察肠系膜根的位置;观察阑尾系膜、横结肠系膜、乙状结肠系膜的位置及其内的结构(图 8-7,图 8-2、图 8-4、图 8-5)。

(四) 韧带

观察肝上方的镰状韧带、冠状韧带、左右三角韧带的位置;观察胃脾韧带、脾肾韧带的位置及其内部的结构;观察膈脾韧带、胃膈韧带和膈结肠韧带的位置(图 8-3、图 8-6、图 8-8)。

(五) 皱襞、隐窝和陷凹

(1) 于腹前壁内面观察脐正中襞、脐内侧襞、脐外侧襞、膀胱上窝、腹股沟内侧窝、腹股沟外侧窝。

(2) 于十二指肠空肠曲左侧观察十二指肠上襞、十二指肠下襞、十二指肠上隐窝和十二指肠下隐窝。于盲肠和乙状结肠后方分别观察盲肠后隐窝和乙状结肠间隐窝。于肝右叶下方观察肝肾隐窝的位置和境界(图 8-4、图 8-5、图 8-7)。

(3) 于盆腔内观察直肠膀胱陷凹、膀胱子宫陷凹、直肠子宫陷凹的位置和毗邻(图 7-2、图 7-8,图 8-2、图 8-7)。

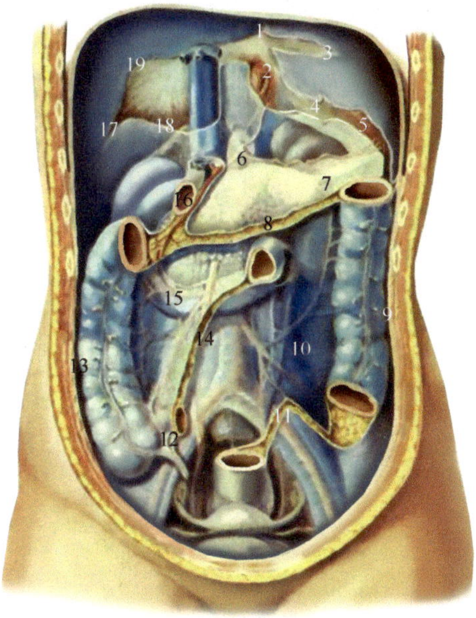

图 8-7 腹后壁腹膜配布

1. 镰状韧带;2. 胃膈韧带;3. 左三角韧带;4. 胃脾韧带;5. 脾;6. 胃胰襞;7. 胰;8. 横结肠系膜根;9. 左结肠旁沟;10. 左肠系膜窦;11. 乙状结肠系膜根;12. 阑尾系膜;13. 右结肠旁沟;14. 肠系膜根;15. 右肠系膜窦;16. 十二指肠上部;17. 右三角韧带;18. 冠状韧带下层;19. 冠状韧带上层

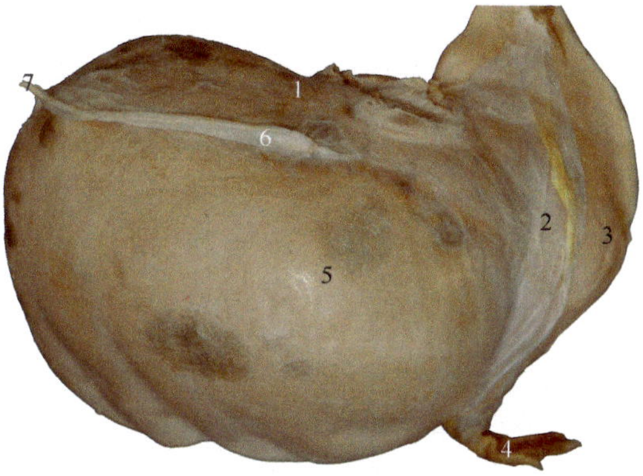

图 8-8 肝的韧带(膈面)

1. 肝裸区;2. 镰状韧带;3. 肝左叶;4. 肝圆韧带;5. 肝右叶;6. 冠状韧带前层;7. 右三角韧带

(林穗金 郑 鸣)

思 考 题

1. 判断腹膜与腹盆腔脏器的关系有什么临床意义?
2. 大网膜有哪些作用?
3. 为什么饭后剧烈运动空回肠及乙状结肠较其他肠管更易发生肠扭转?

第九章　内分泌系统

一、学 习 要 求

（1）了解内分泌器官的定义及其功能。
（2）掌握甲状腺、甲状旁腺、垂体、肾上腺的形态分部特点和位置。
（3）了解胸腺、松果体的形态特点和位置。

二、验证学习标本

（1）显示垂体和松果体的脑标本或模型。
（2）显示甲状腺、甲状旁腺的颈部标本。
（3）显示肾上腺的腹膜后隙的标本。

三、注 意 事 项

（1）垂体和松果体的位置要在整体脑标本或模型上观察；甲状腺、甲状旁腺的位置要在颈部标本上观察；肾上腺的位置要在腹膜后隙的标本上观察。

（2）学习内分泌系统各个器官的形态结构时，要了解它们的功能。

四、验证性学习

内分泌系统的腺体按存在形式分为两类：①内分泌器官，如甲状腺、甲状旁腺、垂体、肾上腺、胸腺和松果体等；②内分泌组织，如胰腺内的胰岛、睾丸内的间质细胞、卵巢内的卵泡和黄体等（图 9-1）。

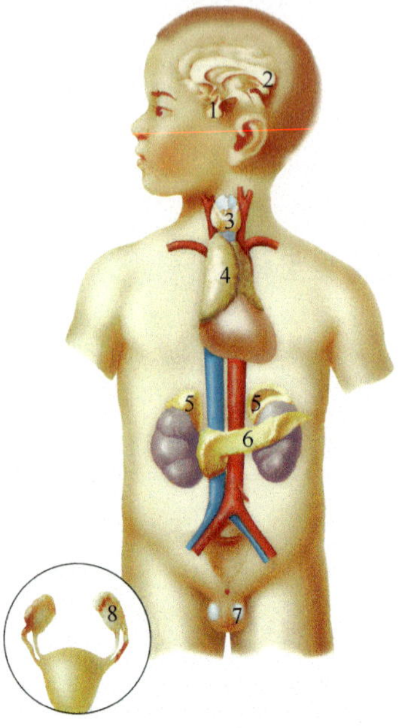

图 9-1　内分泌系统概况
1. 垂体；2. 松果体；3. 甲状腺；4. 胸腺；5. 肾上腺；6. 胰；7. 睾丸；8. 卵巢

（一）甲状腺

甲状腺位于颈前区，略呈“H”形，分左、右两侧叶及连接两侧叶的峡部三部分；有时峡部上缘常有锥状叶伸出，长者达舌骨高度。甲状腺外被包膜，并被固定于喉软骨上，故吞咽时甲状腺能随喉上移动和下移动。

（二）甲状旁腺

甲状旁腺为两对棕黄色扁圆形小体，位于甲状腺侧叶的后缘，上、下各一对。

（三）肾上腺

肾上腺位于腹后壁左肾和右肾的上方，呈黄色；右侧为三角形,左侧为半月形。肾上腺与肾共同包于肾筋膜内,但由于肾具有独立的脂肪囊和纤维囊,因此肾上腺不随肾下降。

(四) 垂体

垂体位于颅中窝的垂体窝内,上连下丘脑的漏斗;呈椭圆形,可分为腺垂体和神经垂体两部分,即前叶和后叶。

(五) 松果体

松果体在丘脑的后上方,是上丘脑的一部分;儿童时期较发达,7 岁后逐渐萎缩,成人后钙化。

(六) 胸腺

胸腺位于上纵隔前部,小儿胸腺呈灰红色,分大小不等的左右两叶,生长迅速,至青春期达最高峰;以后胸腺组织逐渐退化萎缩。

(陈少强 郑 鸣)

思 考 题

1. 甲状腺为什么会随吞咽运动而上下移动?
2. 根据内分泌器官的调节机制和甲状腺的结构功能,简单说明甲状腺功能亢进症的患者需要检测哪些相关血液指标?

第三部分　脉管系统

第十章　心血管系统

第一节　心

一、学习要求

（1）掌握心的位置、外形及其表面标志。了解心的毗邻。

（2）掌握心腔的形态构造。

（3）了解心壁的构成，掌握心纤维支架和左、右纤维三角。了解房间隔、室间隔的位置、薄弱区和房室隔的概念。

（4）掌握心传导系统的组成。了解窦房结、房室结的位置和房室交界区的概念。

（5）掌握心的动脉来源、主要分支及其分布范围，了解冠状窦及其属支的流注情况。

（6）了解心包的构成、浆膜心包的配布。掌握心包腔和主要心包窦的位置、构成和意义。

二、验证学习标本

（1）显示切除了胸前壁和心包切开的胸部标本。

（2）完整地显示心外形的离体心脏标本（未剖开心腔）。

（3）显示各心腔内形态结构的心脏标本（剖开心腔）。

（4）显示心脏血管的离体心脏。

（5）显示房间隔和室间隔（沿心长轴纵行切开）的心脏标本。

（6）显示心室出入口瓣膜，沿房室口、主动脉口和肺动脉口切开的心脏标本。

（7）心脏模型。

三、注意事项

（1）由于所取的心脏实物标本不一定是正常心脏，因此大小、形态差异较大。

（2）心腔内结构有的较细小，易于被损坏，因此在观察不同心腔内结构时，请勿用力牵拉，以免造成损坏。

四、验证性学习

（一）心的位置和外形

1. 心的位置　在胸前壁打开的标本上，在胸腔内，位于两肺纵隔胸膜之间的结构称为纵隔。在膈的上方翻开心包的前壁,即可见到心及连于心的大血管,该处即为中纵隔(图10-1)。在体表,心约2/3位于前正中线的左侧,1/3位于前正中线的右侧,因此人的心脏也是"偏心"的。这是因为胸腹腔脏器尤其是肝的发育对胸腔脏器的影响所致。

2. 心的外形 在离体心脏标本上,可见心外观呈倒置的圆锥形,像观察者本人右手握持笔的姿势。外形可见一尖、一底、两面和三缘。

(1) 心尖:钝圆,朝向左前下方。在胸壁左侧第5肋间和左锁骨中线交点内侧1~2cm处可触及心尖搏动,为正常的心脏搏动点。

(2) 心底:朝右后上方,与出入心的大血管相连。心底主要由出入心的大血管和左心房构成。

(3) 心的两面:是指前面和下面。

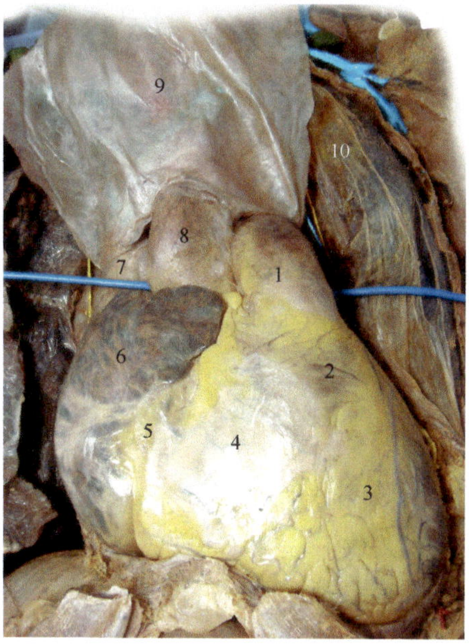

图10-1 心的位置和外形

1. 肺动脉干;2. 前室间沟;3. 左心室;4. 右心室;5. 冠状沟;6. 右心耳;7. 上腔静脉;8. 升主动脉;9. 心包;10. 左肺

前面:与胸骨和肋软骨相邻又称胸肋面,参与构成胸肋面的有右心房、右心室、左心室前壁、左心耳等结构(图10-2)。

下面:与膈相邻故称膈面,参与构成心膈面的有左心室和右心室,还有小部分的左心房和右心房下壁等结构(图10-3)。

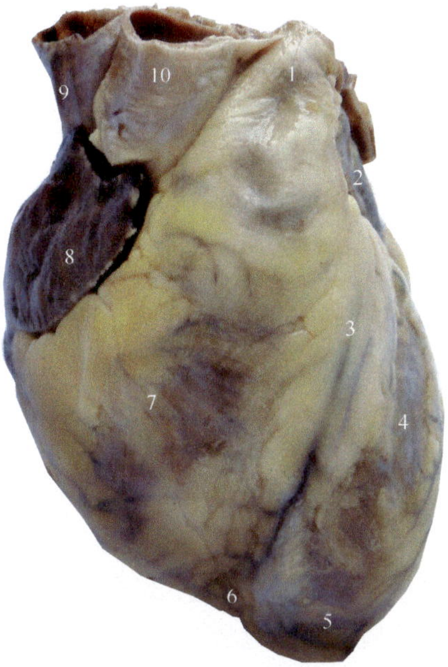

图10-2 心的外形(胸肋面)

1. 肺动脉干;2. 左心耳;3. 前室间沟;4. 左心室;5. 心尖;6. 心尖切迹;7. 右心室;8. 右心耳;9. 上腔静脉;10. 升主动脉

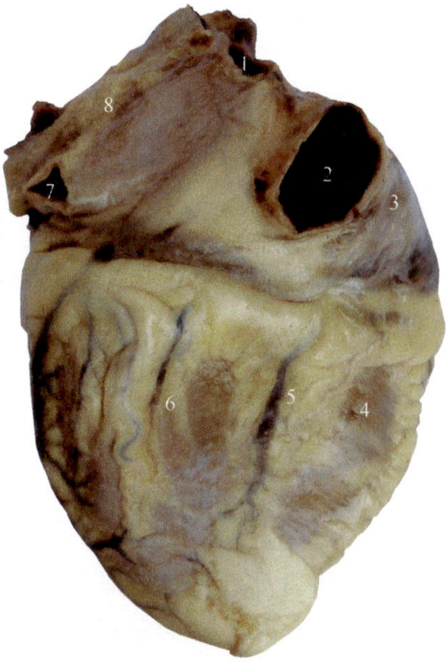

图10-3 心的外形(膈面)

1. 右下肺静脉;2. 下腔静脉;3. 右心房;4. 右心室;5. 后房间沟;6. 左心室;7. 左下肺静脉;8. 左心房

(4) 心的三缘:心的外形有3个边缘,即左缘、右缘和下缘(图10-2)。

左缘:较圆钝,自上而下分别由左心耳和左心室构成。

右缘:较圆钝,主要由右心房构成。

下缘:位于心的膈面和胸肋面的交界处,由右心室和左心室参与构成。二者移行处略凹陷,称为心尖切迹。

3. 心的表面标志 在心的表面,透过心脏表面半透明的浆膜层可见由心的血管和大量脂肪组织聚集的部位,尤其4条沟的位置特别明显,可作为心腔的表面分界。

冠状沟:在近心底处有一近似环形的沟,是心房和心室分界的标志,因其位置几乎呈冠状位而得名。

前室间沟和后室间沟:在心的胸肋面和膈面分别有一纵行的浅沟,它是左、右心室分界的标志。

后房间沟:位于心底面,在两右肺静脉根部与右心房交界处的浅沟,是左心房、右心房后壁交界标志。

房室交点位于心的膈面,是冠状沟与后室间沟相交处。该处是房室结动脉的重要表面标志。

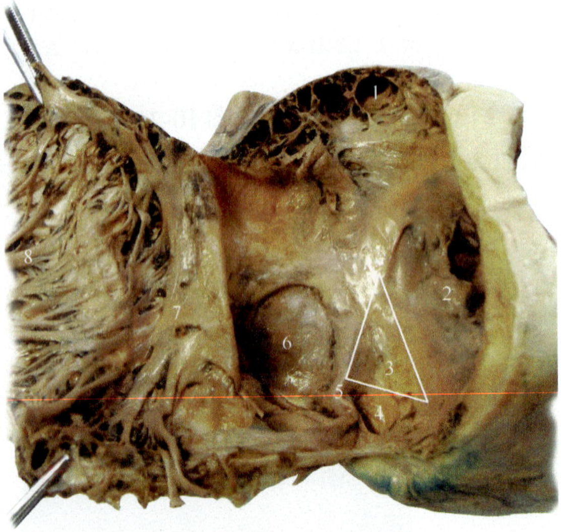

图10-4 右心房(内面观)

1. 右心耳;2. 三尖瓣膈侧尖;3. Koch三角;4. 冠状窦口;5. 下腔静脉瓣;6. 卵圆窝;7. 界嵴;8. 梳状肌

(二) 心腔的形态结构

1. 右心房 构成心的右上部,腔大壁薄。从外形观察,自上腔静脉至下腔静脉前缘的右心房前壁可见一浅沟称为界沟。在腔内,界沟内面对应的肌隆起称为界嵴,作为右心房分部(固有心房和腔静脉窦)的标志(图10-4)。

(1) 固有心房:构成右心房的前部,其向左前上方突出的部分即为右心耳。固有心房内面有许多大致平行的梳状肌。在右心耳处,梳状肌束相互交织呈网状。

(2) 腔静脉窦:位于右心房的后部,由于腔内无明显的肌隆起,故腔内壁光滑。

(3) 右心房的主要结构:打开右心房腔内,除了内壁有肌隆起之外,右心房腔内可见的主要结构分别有:

三个入口:①上腔静脉口,位于腔静脉窦上壁;②下腔静脉口,位于腔静脉窦下壁,在下腔静脉口前缘可见下腔静脉瓣,该结构幼儿时期比较明显,成人后退化;③冠状窦口,位于下腔静脉口前上方,二者之间以下腔静脉瓣相隔,窦口的后缘可见冠状窦瓣。

一个出口:即右房室口,由右心房向左前下方通入右心室的开口。开口的边缘附着三尖瓣。

卵圆窝:在右心房内侧壁(即房间隔前下部)的卵圆形凹陷,是胎儿时期卵圆孔闭锁后的遗迹。

Koch 三角：位于卵圆窝前缘（深面有 Todaro 腱）、冠状窦口前缘和三尖瓣隔侧瓣附着缘之间的三角形区域。

2. 右心室 位于右心房的前下方，构成心前壁的大部分。打开右心室前壁，在右心室腔的后内侧壁上可见一由右房室口前壁弓向室间隔的弧形隆起称为室上嵴。右心室腔以室上嵴为界分为流入道和流出道两部分（图 10-5）。

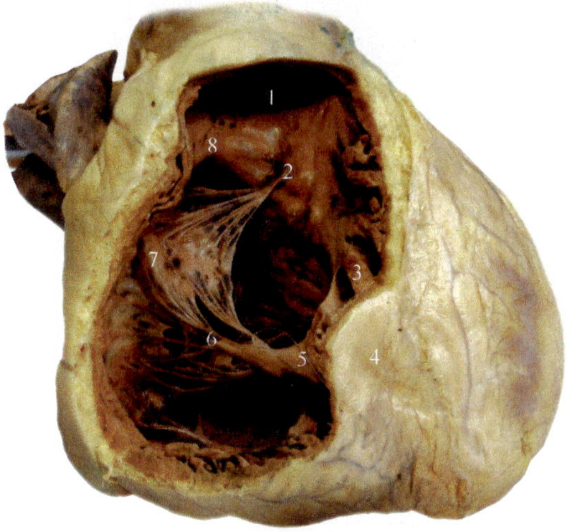

图 10-5 右心室（内面观）

1. 右心室流出道；2. 隔侧乳头肌；3. 隔缘肉柱；4. 右心室前壁；5. 前乳头肌；6. 腱索；7. 三尖瓣前尖；8. 室上嵴

（1）流入道：构成右心室的右后下部，内壁有肉柱和乳头肌等结构。其右后上方有右房室口，周缘附有 3 个近似呈三角形的三尖瓣，各瓣游离缘借腱索连于心室壁的乳头肌上。

肉柱：是指流入道内两端都连于心壁的肌隆起，其中由室间隔连至前乳头肌根部的肉柱称为隔缘肉柱，内有心传导系的右束支通过。

乳头肌：是指右心室壁突向腔内的指状肌隆起，其顶端有腱索附着。右心室内的乳头肌根据位置分别有前、后和内侧 3 组。

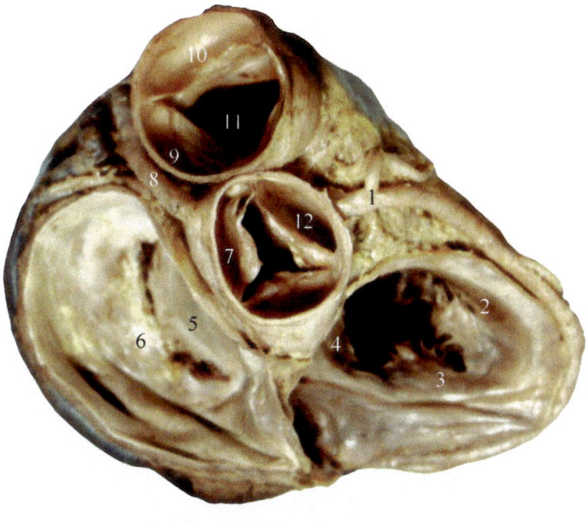

图 10-6 心室的开口及其瓣膜

1. 右冠状动脉；2. 三尖瓣前尖；3. 三尖瓣后尖；4. 三尖瓣隔侧尖；5. 二尖瓣前尖；6. 二尖瓣后尖；7. 左主动脉窦；8. 左冠状动脉；9. 肺动脉瓣左瓣；10. 肺动脉瓣前瓣；11. 肺动脉口；12. 右主动脉窦

（2）流出道：位于流入道的左前上方，内壁光滑，形似倒置的圆锥形，称为动脉圆锥，向左后上方续于肺动脉。二者交界处有肺动脉口，是右心室的出口，口周缘附有 3 个呈半月形的肺动脉瓣（图 10-6）。

3. 左心房 构成心底的大部分，可见其向右前方的突出部分称为左心耳。翻开左心房腔，除左心耳内面有梳状肌外，大部分左心房内壁均光滑。左心房壁薄，两侧部各有两个肺静脉口。其出口位于左心房的前下部，通入左心室，称左房室口（图 10-7）。

4. 左心室 位于右心室的左后方，其下部构成心尖。打开左心室腔，可见左心室壁较厚，约为右心室壁厚度的 3 倍。左心室的入口为左房室口，口周缘有二尖瓣附着。二尖瓣分为前瓣和后瓣，前瓣伸入左心室腔并将其分为流入道和流出道两部分（图 10-7）。

（1）流入道：位于左心室腔的左后部，腔内可见二尖瓣的游离缘突向左心室腔并借腱索连于左心室的乳头肌上。左心室的前、后乳头肌均较粗大。

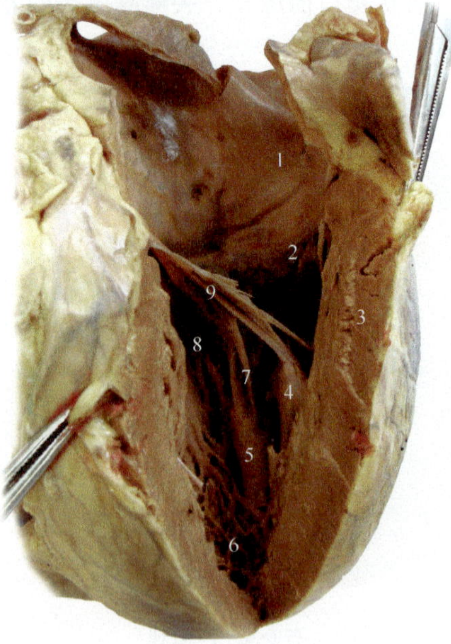

图 10-7 左心房、左心室(内面观)

1. 左心房;2. 二尖瓣后尖;3. 左心室前壁;4. 前乳头肌;5. 后乳头肌;6. 肉柱;7. 腱索;8. 左心室流出道;9. 二尖瓣前尖

(2) 流出道:左心室的流出道内壁光滑,又称主动脉前庭。其出口为主动脉口,连于主动脉;主动脉口有 3 个主动脉瓣(图 10-6),其形态亦呈半月形。

(三) 心的间隔

房间隔:将一只手的拇指和示指分别插入左、右心房,两指靠近可见一分隔左、右心房的隔膜,即为房间隔。房间隔右侧面有卵圆窝,是房间隔的薄弱区。因右心房和左心房呈右前和左后位置,所以房间隔呈左前和右后倾斜位。

室间隔:将一手指插入右心室、另一手指插入左心室,可以触及两室之间室间隔,其下部较厚,上部较薄;上部称为膜性部(膜部),下部称为肌性部(肌部)。室间隔同样呈左前和右后倾斜位。

房室隔:是指房间隔和室间隔之间的移行、重叠区域。该区前部有房室结和房室束,后部有分布于房室结的血管和纤维束通过。

(四) 心传导系统

心传导系统是由功能特化的心肌细胞构成,具有产生并传导冲动,从而调节和控制心的节律性活动的功能。由窦房结、房室交接区、房室束、左束支、右束支和浦肯野纤维组成(图 10-8)。

心传导系统的这些结构在人类心脏因其结构没有特殊性,故不易观察到。只有窦房结能在上腔静脉和右心房交界处前壁的心外膜下隐约可见一长梭形的类似脂肪组织的结构,判断其是否为窦房结除了外形,还应参考是否有窦房结动脉贯穿。而同样是哺乳动物的牛和羊的心脏就可以明显解剖出其结构。

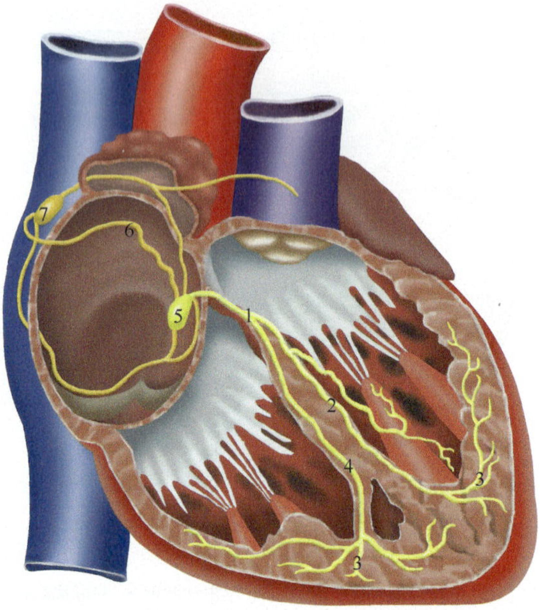

图 10-8 心传导系统(模式图)

1. 房室束;2. 左束支;3. 浦肯野纤维;4. 右束支;5. 房室结;6. 中节间束;7. 窦房结

(五) 心的血管

在解剖出心脏血管的离体心脏,可见到心的血管包括冠状动脉和许多心的静脉(图 10-9、图 10-10)。

心脏 心脏的质量仅为体重的0.5%，但心脏动脉的血量却占心脏总输出量的5%。心肌活动加强时，冠状动脉的血流量可增加4~5倍。心肌又是耗氧量最高的器官（100g心肌每分钟耗氧量为8~10ml，摄取动脉血氧可达70%~75%。注：骨骼肌为40%，肝为20%，脑18%），而当心脏活动增强时，其耗氧量可增加3倍以上。以上特点，意味着心肌对缺氧缺血耐受差。

1. 冠状动脉 营养心脏的动脉主要是左、右冠状动脉。二者均发自主动脉的起始部的左、右主动脉窦（图10-6）。

（1）左冠状动脉：由主动脉左窦发出，在左心耳和肺动脉干之间穿出，分为前室间支和旋支。前室间支行于前室间沟内，沿途分支分布于右室前壁一部分，左室前壁和室间隔前2/3部分；旋支沿冠状沟后行至膈面，分支分布于左心房和左室后壁一部分（图10-9、图10-10）。

（2）右冠状动脉：由主动脉右窦发出，在右心耳和肺动脉干之间穿出，沿冠状沟向右后行至膈面，主要分支为后室间支和左室后支。右冠状动脉的分支分布于右心房、右心室、左心室后壁一部分、室间隔后1/3部分（图10-9、图10-10）。

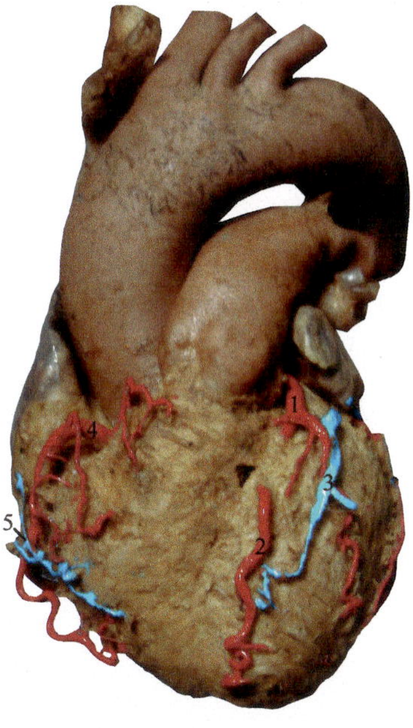

图10-9 心的外形和血管（胸肋面）

1. 左冠状动脉；2. 前室间支；3. 心大静脉；4. 右冠状动脉；5. 心小静脉

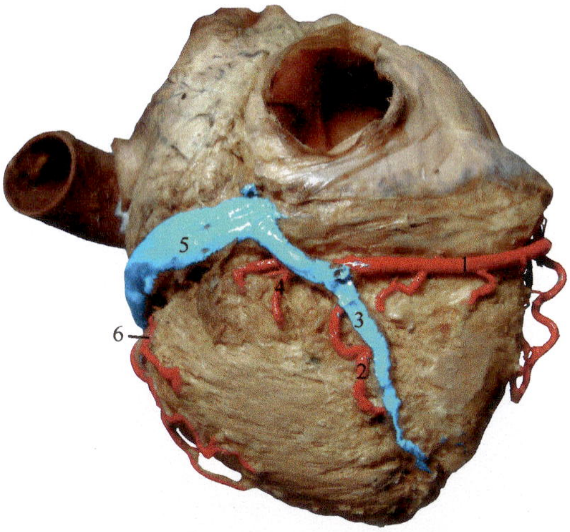

图10-10 心的外形和血管（膈面）

1. 右冠状动脉；2. 后室间支；3. 心中静脉；4. 左室后支；5. 冠状窦；6. 旋支

2. 心的静脉 冠状窦为心的静脉短干，位于冠状沟后部、左心房和左心室交界处，在下腔静脉口的左前方注入右心房。冠状窦有3大属支分别是心大静脉、心中静脉和心小静脉，它们分别伴行于前室间支、后室间支和右冠状动脉本干。此外在右心室前壁尚可见心前静脉直接跨冠状沟向上注入右心房（图10-9、图10-10）。

心肌桥和壁冠状动脉 冠状动脉主干及其主要分支,一般均走行于心外膜下的脂肪组织内,如果动脉在走行中有一段被心肌所覆盖,则此段动脉称为壁冠状动脉(parietal coronary artery)。覆盖动脉表面的心肌称为心肌桥。可出现于一处,也可出现于多处,出现率达67%以上。壁冠状动脉多见于前室间支(60%)和后室间支(10%)等处。心肌桥和壁冠状动脉之所以引起人们的注意是由于它可能与冠状动脉粥样硬化发病的局部因素有关。有人认为心肌桥近侧部的血管内膜发生不规则增可能是冠状动脉硬化的因素之一,近年来,人们通过影像学研究发现,壁冠状动脉的管径的大小与其表面的心肌桥厚度有明显相关性,即心肌桥越厚,壁冠状动脉的管径越小,对其血流的影响也就越大。

"心脏窃血"现象 "心脏窃血"是一种少见的冠状动脉发育畸形。冠状动脉发育过程中出现冠状动脉心腔瘘,即冠状动脉的主要分支扩大且直接与心腔(右心房、右心室)或与肺动脉相交通,或有注入冠状窦者,此类畸形如不合并其他严重的心脏畸形,临床上多数病人可无症状,但随年龄增长,或"窃血"现象较重,就会影响心肌供血而发生心绞痛或心功能不全。冠状动脉瘘的畸形如能早期发现可进行手术治疗。

(六) 心包

心包顾名思义就是包被于心及其大血管根部的囊状结构,外层为厚而致密的纤维心包,内层为薄而光滑的浆膜心包(图 10-1、图 10-11)。

1. 心包腔 即位于心及出入心脏大血管外面与壁层浆膜心包之间的腔隙,内含少量滑液。

2. 心包横窦 用示指插入升主动脉和肺动脉根部后方与左心房和上腔静脉之间,示指所经过的间隙即为心包横窦。图 10-1 中蓝色线段通过的位置即为心包横窦。

3. 心包斜窦 将心尖向前提起,在心包后壁与左心房之间可见一盲囊,其开口朝左下方,两侧界分别由左右肺静脉根部及下腔静脉构成。在平卧位时是心包腔的最低点(图 10-11、图 10-12)。

图 10-11 心包和出入心脏大血管(根部)

1. 肺动脉干;2. 左上肺静脉;3. 左下肺静脉;4. 心包后壁;5. 下腔静脉;6. 右下肺静脉;7. 心包斜窦;8. 右上肺静脉;9. 上腔静脉;10. 升主动脉;11. 心包前壁

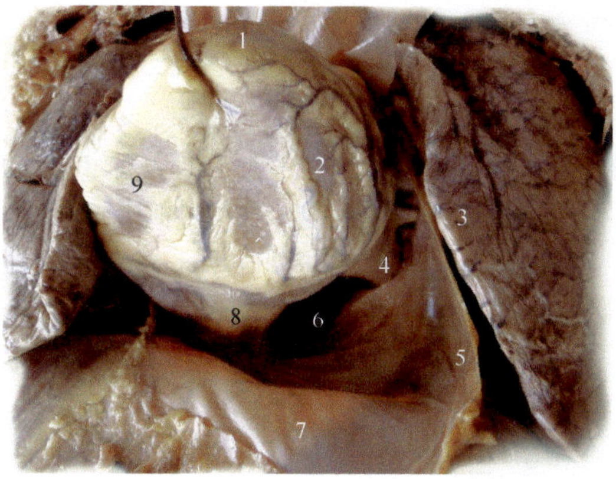

图 10-12 心包斜窦(下面观)

1. 心尖;2. 左心室;3. 左肺;4. 左下肺静脉;5. 心包;6. 心包斜窦;7. 膈中心腱;8. 下腔静脉;9. 右心室

(黄海辉)

第二节 动 脉

一、学习要求

(1) 掌握动脉韧带的概念,主动脉的起止、行程和分部,升主动脉、主动脉弓的分支;了解肺动脉干和左、右肺动脉的行程。

(2) 掌握颈外动脉的行程、主要分支的名称和分布,了解左、右颈总动脉和颈内动脉的行程。

(3) 掌握锁骨下动脉和腋动脉的行程、主要分支的名称和分布,肱动脉、桡动脉和尺动脉的行程、主要分支的名称和分布,掌握掌浅弓和掌深弓的组成、位置和分支分布。

(4) 掌握胸主动脉和腹主动脉的起止、行程和分支分布,髂总动脉、髂外动脉和髂内动脉的起止、行程和分支名称。

(5) 掌握下肢动脉主干的名称;了解它们的行程、分支和分布。

(6) 了解体表可触及搏动的动脉和常用的压迫止血点。

二、验证学习标本

(1) 连接肺动脉及主动脉弓的离体心脏标本。

(2) 显示胸腔、腹腔和盆腔的人体完整标本,显示主动脉的走行及主要分支的标本。

(3) 显示头、颈部动脉的标本。

(4) 显示上肢动脉主干走行和分支的标本;显示掌浅弓和掌深弓的手部标本。

(5) 显示髂内、外动脉分支(男性标本、女性标本)的盆部正中矢状切标本。

(6) 显示下肢动脉主干走行和分支的下肢标本。

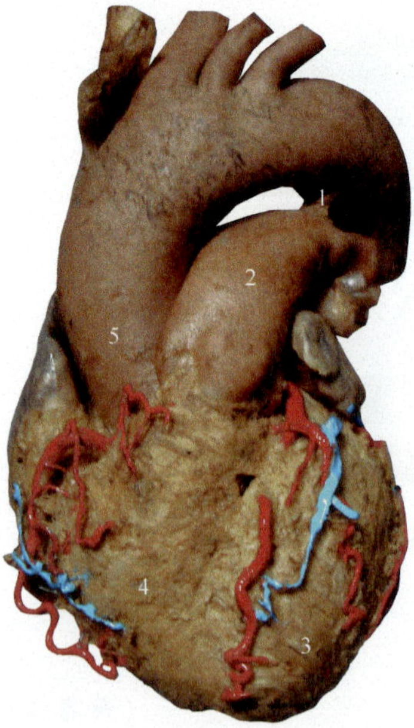

图 10-13 肺循环的动脉

1. 动脉韧带;2. 肺动脉干;3. 左心室;4. 右心室;5. 升主动脉

三、注意事项

(1) 注意在标本上如何区别动脉和静脉。

(2) 观察标本时动作要轻柔,不要用力牵拉,以免扯断动脉。

(3) 观察后将动脉回归正常解剖位置。

四、验证性学习

(一) 肺循环的动脉

带大血管根部的离体心脏标本和打开胸壁的胸腔脏器标本。肺动脉干起于右心室,向左后上行至主动脉弓下方分为左、右肺动脉,经肺门进入肺。肺动脉干分叉处稍左侧与主动脉弓下缘之间一条索状的动脉韧带,为胚胎时期动脉导管闭锁后的遗迹(图 10-13)。

动脉导管未闭 动脉导管未闭(patent ductus arteriosus,PDA)是小儿先天性心脏病常见类型之一,约占先天性心脏病发病总数的 15%,动脉导管未闭常见于早产儿。胎儿期动脉导管被动开放是血液循环的重要通道,出生后约 15 小时发生功能性关闭,出生后 1 年在解剖学上应完全关闭。若持续开放,并产生病理生理改变,即称动脉导管未闭。PDA 的主要治疗方式包括介入治疗(即动脉导管未闭封堵术)和手术治疗(开胸手术结扎与切断缝合动脉导管)。

(二) 体循环的动脉

打开胸腔和腹腔的标本。主动脉分为升主动脉、主动脉弓和降主动脉(胸主动脉、腹主动脉)。

主动脉从左心室发出,起始段为升主动脉,向右前上方斜行,达第 2 胸肋关节高度移行为主动脉弓,再向左后方沿脊柱左前方下行,至第 4 胸椎下缘移行胸主动脉,穿过膈的食管裂孔进入腹腔移行为腹主动脉,至第 4 腰椎下缘处分为左、右髂总动脉(图 10-14)。

1. 升主动脉 升主动脉起始处发出两个分支,即左、右冠状动脉。

2. 主动脉弓 主动脉弓凸侧的三大分支:从右到左依次为头臂干、左颈总动脉和左锁骨下动脉。

观察头颈部动脉,注意左、右颈总动脉的起点、走行以及颈内动脉、颈外动脉两个终末分支。颈内动脉在颈部无分支;寻找辨认颈外动脉的主要分支:甲状腺上动脉、舌动脉、面动脉、上颌动脉和颞浅动脉(图 10-15)。

左、右锁骨下动脉分别起自主动脉弓和头臂干,穿过第 1 肋外侧缘,移行为腋动脉。观察锁骨下动脉的主要分支有椎动脉、胸廓内动脉和甲状颈干。寻找腋动脉的主要分支包括胸肩峰动脉、胸外侧动脉和肩胛下动脉。腋动脉在大圆肌下缘移行为肱动脉，观察肱动脉及其主要分支肱深动脉(图 10-16)。肱动脉在肘窝附近分出的桡动脉和尺动脉，在手掌面共同参与构成掌浅弓和掌深弓(图 10-17)。

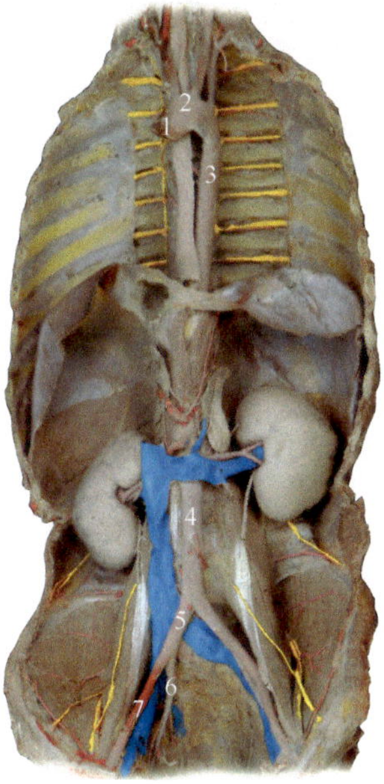

图 10-14 主动脉行程

1. 升主动脉；2. 主动脉弓；3. 胸主动脉；4. 腹主动脉；5. 髂总动脉；6. 髂内动脉；7. 髂外动脉

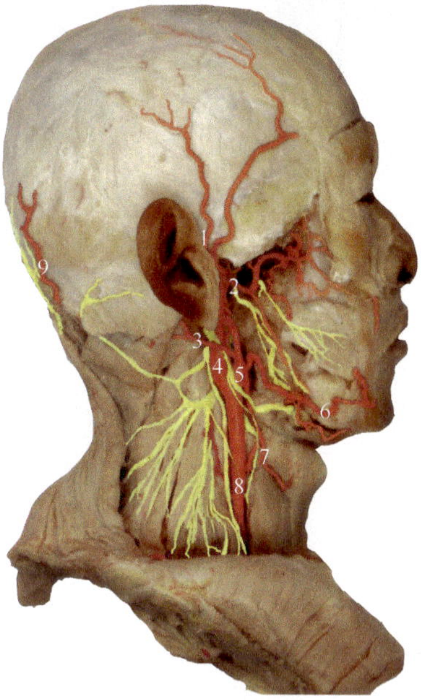

图 10-15 头颈部的动脉

1. 颞浅动脉；2. 上颌动脉；3. 耳后动脉；4. 颈内动脉；5. 颈外动脉；6. 面动脉；7. 甲状腺上动脉；8. 颈总动脉；9. 枕动脉

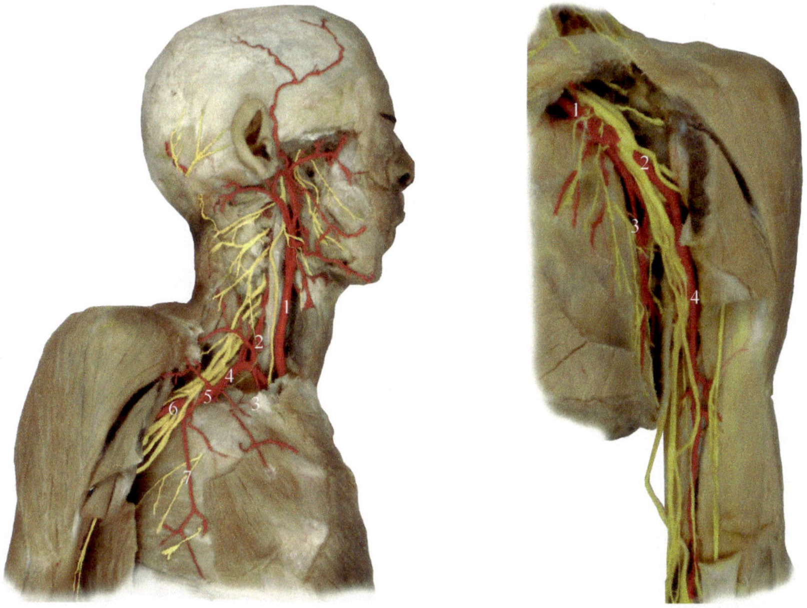

A B

图 10-16 锁骨下动脉及腋动脉

A：1. 颈总动脉；2. 椎动脉；3. 胸廓内动脉；4. 锁骨下动脉；5. 胸肩峰动脉；6. 腋动脉；7. 胸外侧动脉

B：1. 锁骨下动脉；2. 腋动脉；3. 肩胛下动脉；4. 肱动脉

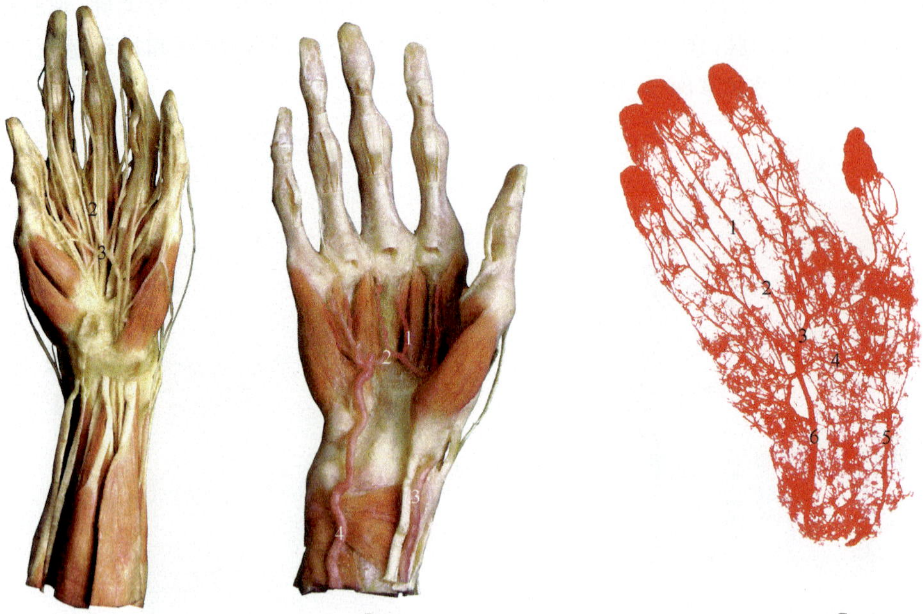

图 10-17 手部的动脉

A:1. 指掌侧固有动脉;2. 指掌侧总动脉;3. 掌浅弓

B:1. 掌心动脉;2. 掌深弓;3. 桡动脉;4. 尺动脉

C:1. 指掌侧固有动脉;2. 指掌侧总动脉;3. 掌浅弓; 4. 掌深弓; 5. 桡动脉;6. 尺动脉

3. 胸主动脉 胸主动脉在胸部分为壁支和脏支,其中壁支肋间后动脉在肋间隙的走行,观察脏支食管动脉和支气管动脉。

4. 腹主动脉 腹主动脉沿脊柱前方下行,分为壁支和脏支。壁支主要包括膈下动脉和腰动脉。成对的脏支包括肾动脉、肾上腺中动脉和睾丸(卵巢)动脉;不成对的脏支包括腹腔干、肠系膜上动脉和肠系膜下动脉(图 10-18)。

观察腹腔干的三大分支包括胃左动脉、肝总动脉(主要分支:肝固有动脉、胆囊动脉、胃右动脉、胃十二指肠动脉、胃网膜右动脉)和脾动脉(主要分支:胃短动脉、胃网膜左动脉)。肠系膜上动脉分支主要包括空肠动脉、回肠动脉、回结肠动脉(重要分支:阑尾动脉)、右结肠动脉和中结肠动脉。肠系膜下动脉的主要分支包括左结肠动脉、乙状结肠动脉和直肠上动脉(图 10-19)。

5. 髂总动脉 为腹主动脉终末支,左右各一,自第 4 腰椎左前方起于腹主动脉,向下外行至骶髂关节处分为髂外动脉和髂内动脉。

在盆腔和盆腔正中矢状切的标本(男性、女性)上,观察髂总动脉在骶髂关节水平分为髂内动脉和髂外动脉。髂内动脉的脏支主要包括脐动脉、膀胱上动脉、膀胱下动脉、直肠下动脉和子宫动脉;壁支主要包括闭孔动脉、臀上动脉、臀下动脉和阴部内动脉。髂外动脉的主要分支包括旋髂浅动脉、旋髂深动脉和腹壁下动脉。髂外动脉在腹股沟韧带中点下方移行为股动脉(图 10-20)。

6. 下肢的动脉 髂外动脉经腹股沟韧带中点深面进入股前部,移行为股动脉;在股三角内行,穿收肌腱裂孔至腘窝,移行为腘动脉,至腘肌下缘分为胫前动脉和胫后动脉。胫前动脉穿小腿骨间膜至小腿前面,在小腿前群肌之间下行,至踝关节前方移行为足背动脉。

胫后动脉沿小腿后面下行，经内踝后方转至足底，分为足底内、外侧动脉(图 10-21)。

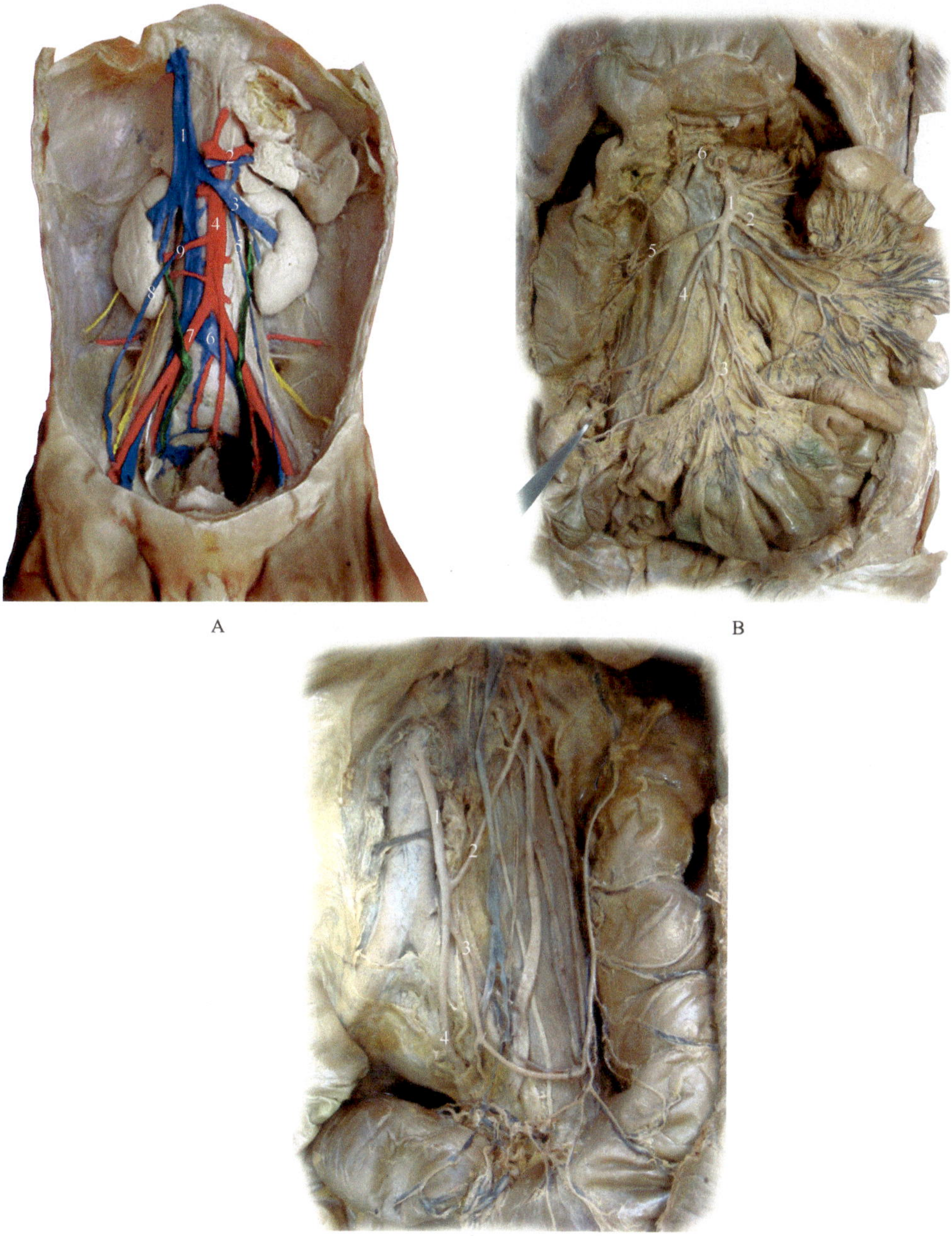

A　　B　　C

图 10-18　腹部的血管

A:1. 下腔静脉;2. 脾动脉;3. 肾静脉;4. 腹主动脉;5. 左睾丸静脉;6. 髂总静脉;7. 髂总动脉;8. 右睾丸静脉;9. 肾动脉

B:1. 肠系膜上动脉; 2. 空肠动脉;3. 回肠动脉;4. 回结肠动脉;5. 右结肠动脉;6. 中结肠动脉

C:1. 肠系膜下动脉;2. 左结肠动脉;3. 乙状结肠动脉;4. 直肠上动脉

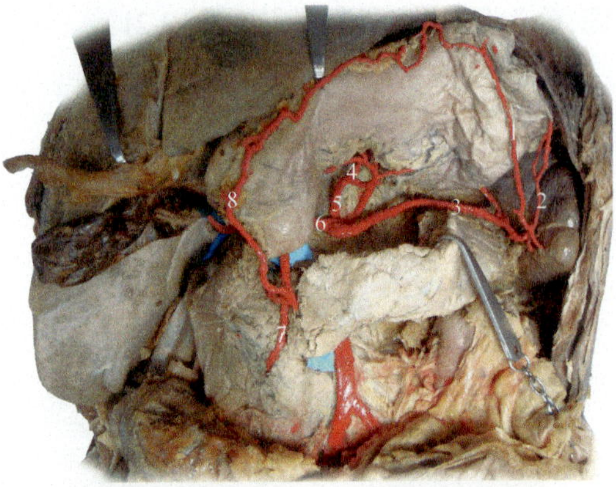

图 10-19　胃的动脉

1. 胃网膜左动脉;2. 胃短动脉;3. 脾动脉;4. 胃右动脉;5. 胃左动脉;6. 肝总动脉;7. 胰十二指肠上动脉;8. 胃网膜右动脉

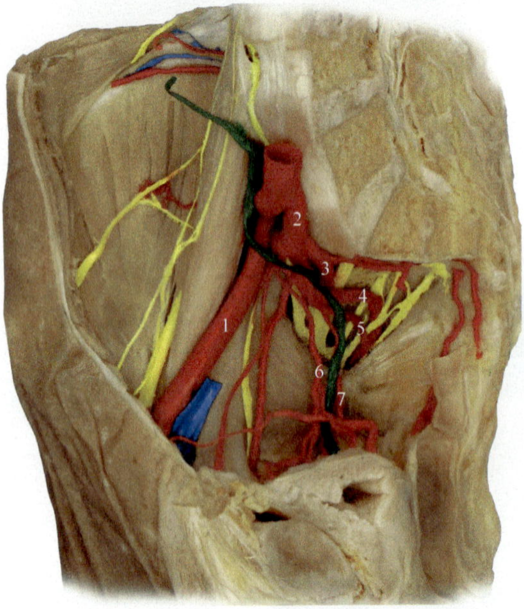

图 10-20　盆部的动脉

1. 髂外动脉;2. 髂内动脉;3. 臀上动脉;4. 臀下动脉;5. 阴部内动脉;6. 膀胱上动脉;7. 膀胱下动脉

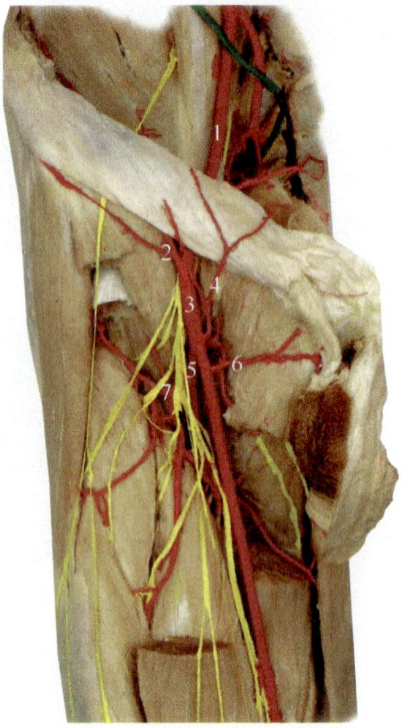

图 10-21　股动脉

1. 髂外动脉;2. 旋髂浅动脉;3. 股动脉;4. 腹壁浅动脉;5. 股深动脉;6. 阴部外动脉;7. 旋股外侧动脉

(罗道枢)

第三节　静　　脉

一、学习要求

(1) 掌握静脉系的组成和特点;了解左、右肺静脉的行程。

(2) 掌握面部“危险三角”;了解面静脉、下颌后静脉、颈外静脉的起止和行程。

(3) 掌握颈内静脉与锁骨下静脉的起止、行径和主要属支。

(4) 掌握头静脉、贵要静脉、肘正中静脉的起始、行程和注入部位;了解临床意义,了解上肢的深静脉的名称和行程。

(5) 掌握头臂静脉、上腔静脉的组成、行程、属支和收集范围。

(6) 掌握奇静脉的起止、行程、属支和收集范围;了解半奇静脉、副半奇静脉、椎静脉丛起止、行程和收集范围。

(7) 掌握髂外静脉、髂内静脉、髂总静脉的起止和行径。

(8) 掌握下腔静脉系的组成及收集范围。

(9) 掌握大隐静脉、小隐静脉的起始、行程、属支和注入部位;了解其临床意义。

二、验证学习标本

(1) 显示肺静脉和上、下腔静脉的离体心脏标本。

(2) 显示颈内、外静脉的头颈部标本。

(3) 打开胸腔和腹腔的人体标本,显示胸部和腹部主要静脉。

(4) 显示盆部静脉的盆部正中矢状切标本。

(5) 显示四肢浅静脉和深静脉的上、下肢标本。

三、注 意 事 项

(1) 深静脉多与动脉伴行,故制作标本时,有些静脉可能被切除,可以观察同名动脉。

(2) 观察时应特别注意静脉的变异较多,尤以浅静脉变异更多。

(3) 静脉壁比动脉薄、弹性差、易损坏,故观察时切忌用力拉扯。

四、验证性学习

(一) 肺循环的静脉

观察连接肺静脉的离体心脏标本,左、右肺静脉注入左心房。

(二) 体循环的静脉

1. 上腔静脉系 上腔静脉系由上腔静脉及其属支组成,收集头颈、上肢及胸部(心除外)的静脉血,注入右心房。

头臂静脉是由同侧颈内静脉和锁骨下静脉在胸锁关节后汇合而成,其汇合处形成的夹角称静脉角。左、右头臂静脉于右侧第1胸肋关节的后而汇合而成上腔静脉。上腔静脉为一条短而粗的静脉干,沿升主动脉右侧垂直下降,至右侧第2胸肋关节后方穿纤维心包,平第3胸肋关节高度注入右心房(图10-22)。

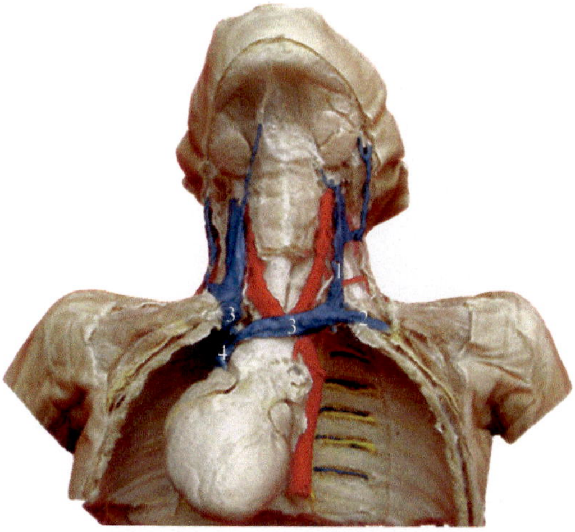

图10-22 上腔静脉

1. 颈内静脉;2. 锁骨下静脉;3. 头臂静脉;4. 上腔静脉

(1) 头颈部的静脉(图10-23)

1) 颈内静脉:是头颈部的静脉主干,上端起自颅底颈静脉孔,收集颅内静脉血,沿颈内动脉和颈总动脉外侧下行,在胸锁关节的后方与锁骨下静脉汇合成头臂静脉。

主要观察颈内静脉的颅外属支:面静脉起自眼内眦(内眦静脉)与面动脉伴行,在下颌角附近与下颌后静脉前支汇合,下行注入颈内静脉;下颌后静脉由颞浅静脉与上颌静脉汇合而成,注入颈内静脉。

2）颈外静脉:由下颌后静脉后支、耳后静脉及枕静脉在下颌角附近汇合成,沿胸锁乳突肌表面下降,注入锁骨下静脉(图 10-24)。

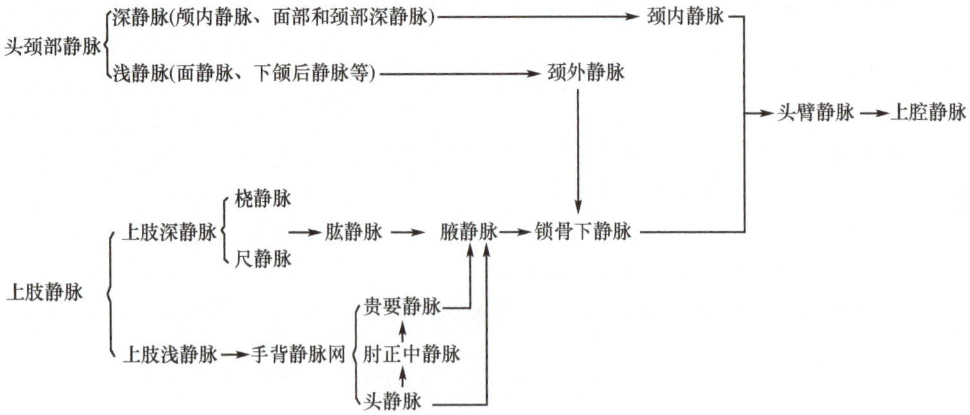

图 10-23　头颈部和上肢的静脉

(2）上肢的静脉(图 10-23):有深、浅两种,浅静脉居皮下,深静脉与动脉伴行(图 10-25)。

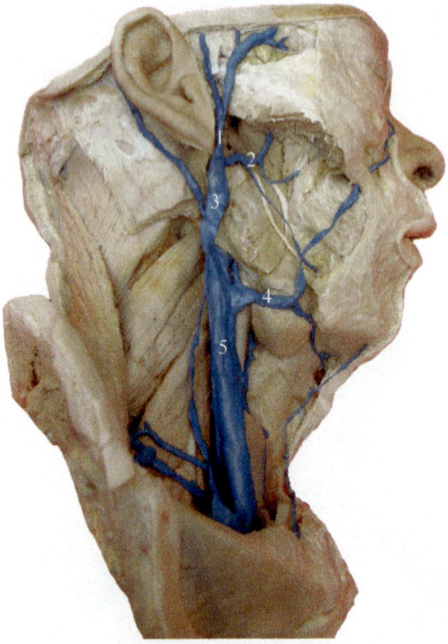

图 10-24　头颈部的静脉

1. 颞浅静脉;2. 上颌静脉;3. 下颌后静脉;4. 面静脉;5. 颈内静脉

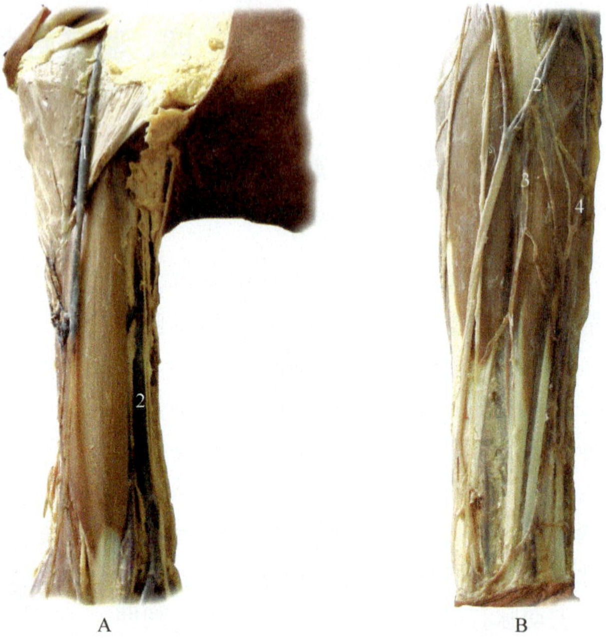

图 10-25　上肢的静脉

A:1. 头静脉;2. 贵要静脉

B:1. 头静脉;2. 肘正中静脉;3. 前臂正中静脉; 4. 贵要静脉

(3) 胸部的静脉:胸部的静脉主要是奇静脉以及奇静脉的属支,包括半奇静脉、副半奇静脉、肋间后静脉、食管静脉、支气管静脉。观察胸廓内静脉与同名动脉伴行,注入头臂静脉(图 10-26)。

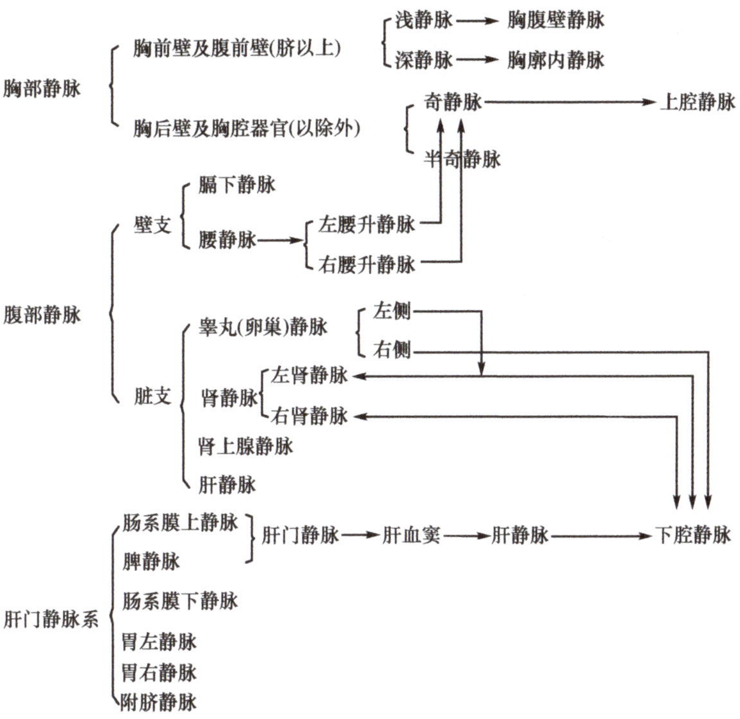

图 10-26 胸部和腹部的静脉

2. 下腔静脉系 在打开腹腔的标本上观察，下腔静脉系由下腔静脉及其属支组成，收集下肢、盆部、腹部等处的静脉血，注入右心房。

下腔静脉由左、右髂总静脉在第 5 腰椎体右侧汇合而成(图 10-18 A)，沿腹主动脉右侧上升，经肝脏的腔静脉沟，穿膈的腔静脉孔进胸腔，注入右心房(图 10-27)。

(1) 腹部的静脉：分为腹壁的静脉和腹腔内脏的静脉(图 10-26)。

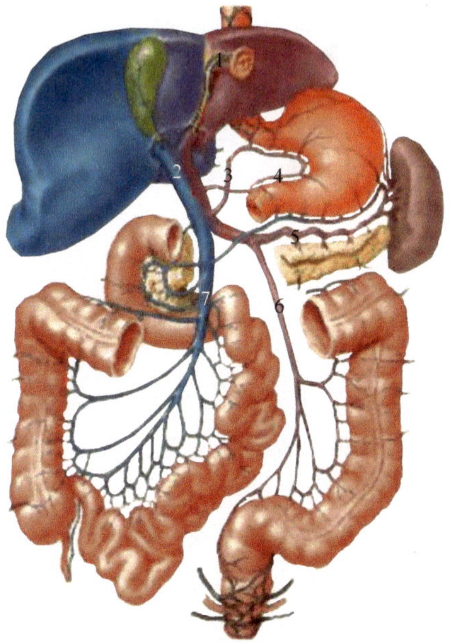

图 10-27 肝门静脉系

1. 附脐静脉；2. 肝门静脉；3. 胃左静脉；4. 胃右静脉；5. 脾静脉；6. 肠系膜下静脉；7. 肠系膜上静脉

> **精索静脉曲张** 精索静脉曲张属于血管病变，多见于成年男性，常见于左侧，解剖学因素可能是：①左侧精索内静脉呈直角注入左肾静脉，阻力较大；②左侧精索内可能受乙状结肠压迫；使左精索静脉回流受阻等。精索静脉曲张是男性不育的重要原因之一。精索静脉曲张一般预后良好，轻度者不需手术治疗，但中、重度患者需及时手术治疗。手术后再生育的能力明显提高。

(2) 盆部的静脉：盆壁和盆腔内脏的静脉汇集成髂内静脉，与髂外静脉在骶髂关节处合成髂总静脉。盆内脏器的静脉多在器官壁内或表面形成丰富的静脉丛。

(3) 下肢的静脉:在下肢标本中观察下肢的浅静脉和深静脉(图 10-28、图 10-29)。

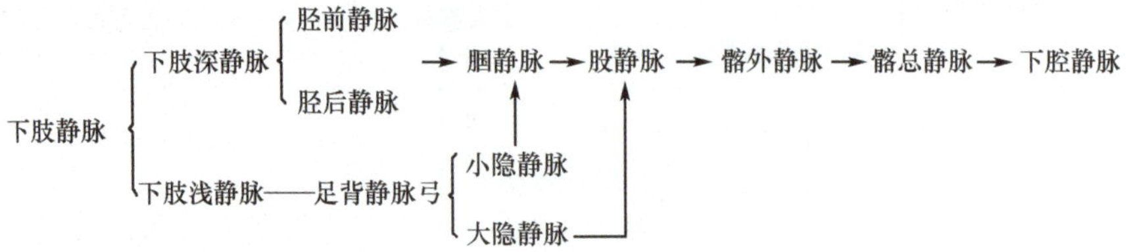

图 10-28　下肢的静脉

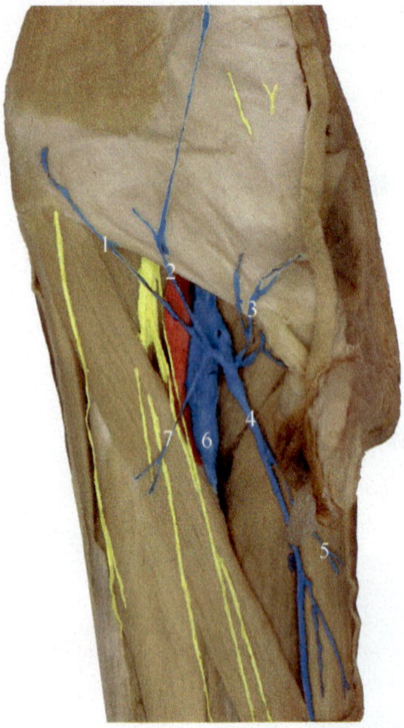

图 10-29　下肢浅静脉

1. 旋髂浅静脉;2. 腹壁浅静脉;3. 阴部外静脉;4. 大隐静脉;5. 股内侧浅静脉;6. 股静脉;7. 股外侧浅静脉

(罗道枢)

思　考　题

1. 心脏正常的搏动是保证全身组织器官功能活动的关键,当心脏搏动减慢时,人体会发生哪些功能变化?

2. 冠状动脉发生梗死时,可用哪些方法解除梗死从而保证其远端组织的血供?

3. 三尖瓣要发挥其正常的功能,需要哪些结构来帮助其完成?

4. 头颈部的血供直接来自哪些动脉主干?供应颅内结构血液的动脉有哪些?颈外动脉有哪些主要分支?

5. 分布于胃的动脉有哪些?

6. 上肢、下肢常用的动脉压迫止血点在何处?

7. 请根据解剖学知识,解释门静脉高压症患者为何会出现呕血、便血和脐周“海蛇神头征”?

8. 从手背静脉网或大隐静脉注入药物治疗阑尾炎,该药经过何途径到达阑尾?

第十一章 淋巴系统

一、学习要求

（1）了解淋巴系统的组成和各部的结构特点。

（2）掌握胸导管的组成、起始、行径、注入和收集的范围，右淋巴导管的组成、注入和收集的范围。

（3）了解头颈部主要淋巴结群的位置。

（4）掌握腋淋巴结分群和各群的分布、收集范围；了解上肢其他淋巴结的位置。

（5）了解胸部的淋巴结的位置和支气管纵隔干的形成。

（6）掌握腹股沟淋巴结的分布和收集范围。

（7）了解盆部的淋巴结的分布。

（8）了解腰淋巴结、肠系膜上淋巴结肠系膜下淋巴结的位置和收集范围，腹腔淋巴结群的分布和收集范围，腰干、肠干的形成。

（9）掌握脾和胸腺的形态与位置；了解其功能。

二、验证学习标本

（1）淋巴系模型和脾模型标本。

（2）全身主要淋巴结模型标本。

（3）完整的人体标本观察全身的主要淋巴结群。

三、注意事项

（1）标本上全身淋巴结多数较小，需仔细寻辨。

（2）胸导管质地脆弱，切忌用镊子拉扯。

（3）结合模型学习。

四、验证性学习

（一）淋巴导管

1. 胸导管 是全身最长最粗的淋巴导管。结合淋巴管的模型和打开胸腔和腹腔的标本进行观察，胸导管的起始处位于第1腰椎体前面的乳糜池，由左腰干、右腰干和肠干汇合而成，向上穿过膈，在胸主动脉和奇静脉之间走行，约在第4、5胸椎处，移向左侧，出胸廓上口至颈根部注入左静脉角。胸导管收集左侧上半身和整个下半身的淋巴，即人体3/4范围的淋巴回流（图11-1）。

2. 右淋巴导管 在标本或模型上观察，右淋巴导管为一短干，收集右上半身的淋巴，注入右静脉角。

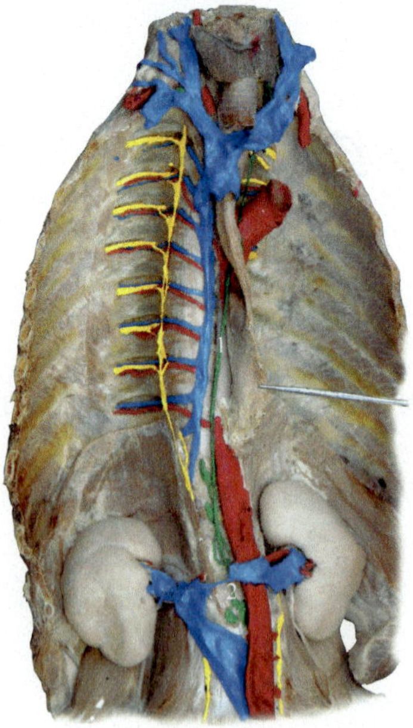

图 11-1　胸导管
1. 胸导管;2. 腰干

(二) 全身主要淋巴结

1. 下颌下淋巴结　位于下颌下腺附近,收纳面部等处的浅、深淋巴,输出管注入颈外侧深淋巴结。

2. 颈淋巴结　分为浅、深两组。颈外侧浅淋巴结沿颈外静脉排列,收纳耳后、枕部及颈浅部的淋巴,输出管注入颈外侧深淋巴结(图 11-2);颈外侧深淋巴结沿颈内静脉排列成,收集头颈部淋巴,输出管汇集成颈干(图 11-3)。

魏尔啸淋巴结　魏尔啸淋巴结(Virchow node)以德国著名的病理学家 Rudolf Virchow (1821—1902)命名,位于左锁骨上窝,紧邻左静脉角处,接受来自胸腔、腹腔的淋巴。由于 Virchow 淋巴结肿大往往是恶性疾病的预兆,有时也被称为"魔鬼座位"(the seat of the devil)。尤其是食管腹段癌和胃癌时,癌细胞栓子可经胸导管逆流至此,常可在胸锁乳突肌后缘与锁骨上缘形成的夹角处触摸到肿大、质硬的淋巴结,是胃癌的晚期症状。

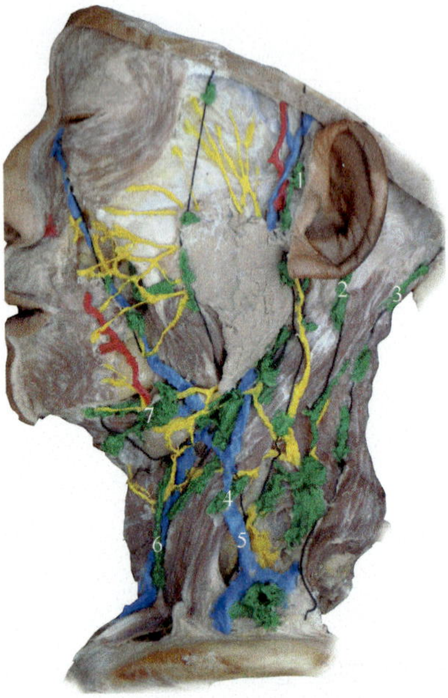

图 11-2　头颈部浅淋巴结
1. 腮腺淋巴结;2. 乳突淋巴结;3. 枕淋巴结;4. 颈外侧浅淋巴结;5. 颈外静脉;6. 颈前淋巴结;7. 下颌下淋巴结

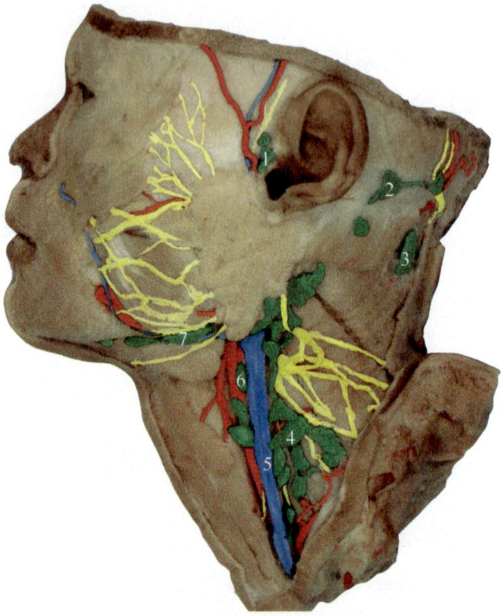

图 11-3　头颈部深淋巴结
1. 腮腺淋巴结;2. 乳突淋巴结;3. 枕淋巴结;4. 颈外侧深淋巴结;5. 颈内静脉;6. 颈内静脉二腹肌淋巴结;7. 下颌下淋巴结

3. 腋淋巴结　位于腋窝内的血管周围,包括外侧淋巴结、胸肌淋巴结、肩胛下淋巴结、中央淋巴结和尖淋巴结；主要收集上肢、胸壁和乳房等处的淋巴，输出管注入锁骨下干（图11-4）。

4. 腹股沟淋巴结 分浅、深两群，浅群位于腹股沟韧带下方及大隐静脉上段周围的阔筋膜浅面；深群位于阔筋膜的深面，股静脉根部的周围；收集下肢、会阴、外生殖器、臀部和脐以下的腹前壁淋巴，输出管经髂外淋巴结、腰淋巴结，最后经腰干注入乳糜池（图11-5）。

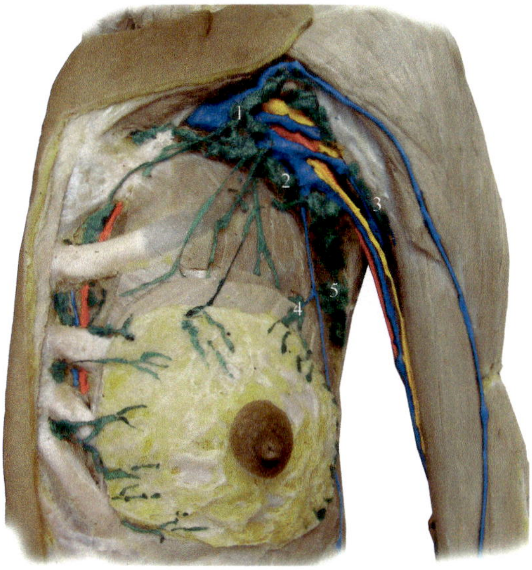

图11-4 腋淋巴结

1. 尖淋巴结；2. 中央淋巴结；3. 外侧淋巴结；4. 胸肌淋巴结；5. 肩胛下淋巴结

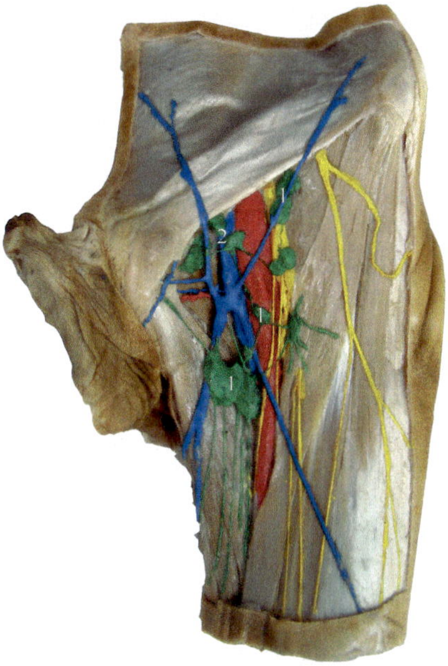

图11-5 腹股沟淋巴结

1. 腹股沟浅淋巴结；2. 腹股沟深淋巴结

5. 腹部淋巴结 结合模型和打开腹腔的标本，观察腰淋巴结位于腰椎体前面，沿腹主动脉及下腔静脉排列，输出管汇合一对腰干，注入乳糜池；腹腔淋巴结位于腹腔干周围，其输出管注入肠干；肠系膜上、下淋巴结分别沿肠系膜上、下动脉根部周围排列，输出管均注入肠干。

（三）淋巴器官

1. 脾 观察打开腹腔的标本，结合游离的脾标本，在左季肋区确认脾的位置，识别脾的形态，辨认脾门和脾切迹（图11-6）。

2. 胸腺 见内分泌系统。

（罗道枢）

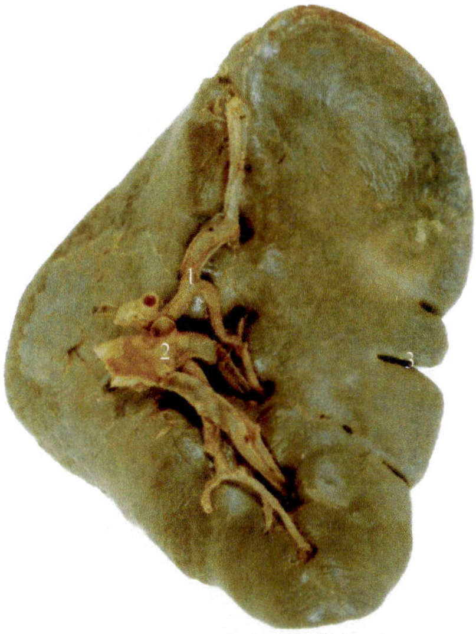

图11-6 脾

1. 脾动脉；2. 脾静脉；3. 脾切迹

思　考　题

1. 左侧腹股沟浅淋巴结有肿痛时,应考虑有哪些部位可能存在病灶? 若病变没有得到有效控制,病原体可能沿何途径进入静脉?

2. 若乳腺癌患者的癌细胞沿淋巴途径转移,有可能导致哪些淋巴结肿大? 为什么? 乳腺癌根治术该如何处理这些淋巴结?

附:兔淋巴管墨汁注射实验

一、目的和要求

观察淋巴回流途径。

二、实验用品与材料

(1) 动物:兔。
(2) 器材:解剖刀、剪刀、镊子、纱布;1ml 注射器、4#针头;固定台、绳子。
(3) 试剂:墨汁。

三、实 验 内 容

(一) 原理

淋巴系统是静脉回流的辅助管道。由于毛细淋巴管的通透性大于毛细血管,许多难以经毛细血管回流的大分子物质、细菌及异物等常进入毛细淋巴管,并经淋巴系统回流。本实验中墨汁内的碳素颗粒(颗粒物质)只能进入兔子的毛细淋巴管并经淋巴管道回流,从而显示有关的淋巴管和淋巴结。

(二) 方法

(1) 将兔四肢张开,腹部朝上固定于兔架上。
(2) 剪去腹部兔毛,暴露腹腔前壁。
(3) 于正中切开腹前壁,暴露腹腔脏器。
(4) 拉出一段肠管(空回肠或阑尾等),将墨汁注入浆膜下(雌兔亦可注入卵巢被膜下)。
(5) 观察墨汁流向(浆膜下淋巴管网、肠系膜淋巴管、淋巴结)。
(6) 同时也将墨汁注入趾蹼。
(7) 注射后 10 分钟,打开胸腔,观察胸导管中墨汁流向;切开后肢皮肤,观察墨汁流向(后肢浅淋巴管、腘淋巴结)。

思　考　题

1. 墨汁沿何种管道走行,将大部分滞留于何处? 为什么?

2. 若经过更长时间,墨汁将最终进入何处? 须经哪些途径?

(罗道枢)

第四部分　感　觉　器

第十二章　视　　器

一、学 习 要 求

(1) 掌握视器的组成。
(2) 掌握眼球壁的构成和眼球内容物的组成。
(3) 掌握视神经盘和黄斑的位置和结构特点。
(4) 掌握眼屈光装置的组成。
(5) 掌握房水的产生及循环途径。
(6) 了解眼副器的组成;掌握眼外肌的组成、位置和功能。

二、验证学习的标本

(1) 眼球标本和模型;新鲜猪眼。
(2) 显示眼球、视神经、泪腺和眼外肌等结构的眶标本。

三、注 意 事 项

由于眼球的结构较小,观察时要配合标本和模型,适当结合活体观察。

四、验证性学习

(一) 眼球

观察眼球标本,可见眼球位于眼眶内,呈前部稍凸的球形,前面有眼睑保护,后端有视神经连于间脑,周围有眼副器。眼球由眼球壁和眼球内容物两部分组成。

1. 眼球壁　分3层,由外向内依次为外膜(纤维膜)、中膜(血管膜)和内膜(视网膜)(表12-1,图12-1)。

表12-1　眼球壁结构简表

名称	纤维膜	血管膜	视网膜	
分部	角膜	虹膜	虹膜部	盲部
	巩膜	睫状体	睫状体部	
		脉络膜	脉络膜部	视部

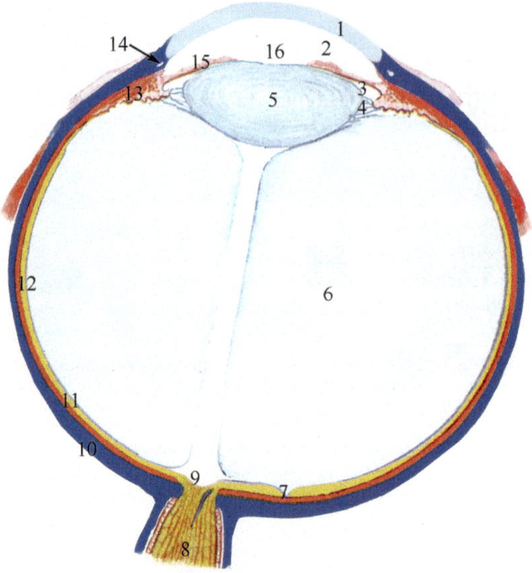

图 12-1　眼球壁的层次结构(模式图)

1. 角膜;2. 前房;3. 后房;4. 睫状小带;5. 晶状体;6. 玻璃体;7. 中央凹;8. 视神经;9. 视神经盘;10. 巩膜;11. 脉络膜;12. 视网膜;13. 睫状体;14. 巩膜静脉窦;15. 虹膜;16. 瞳孔

(1) 纤维膜:位于最外层,前 1/6 透明的是角膜,后 5/6 呈乳白色为巩膜。

(2) 血管膜:位于中层,由前向后分为虹膜、睫状体和脉络膜三部分。虹膜中央有一圆孔称为瞳孔。虹膜将角膜与晶状体之间的腔隙分成眼前房和眼后房;在前房内虹膜与角膜交界处称虹膜角膜角(又称前房角)。睫状体位于巩膜与角膜移行的内面,前缘连于虹膜根部,后缘与脉络膜相接,其前方游离缘有呈放射状的睫状突,睫状突发出睫状小带与晶状体相连。脉络膜前端续于睫状体,后方有视神经通过,占血管膜后部 2/3。

(3) 视网膜:位于最内层,标本上呈淡黄色。由前向后依次为虹膜部、睫状体部和脉络膜部三部分。在视网膜内面,在视神经起始处有一圆盘状白斑,称视神经盘或视神经乳头;在视神经盘颞侧稍下方有一圆形黄色区域称黄斑,其中央有一凹陷称中央凹。

视杆细胞和视锥细胞　视网膜的感光细胞主要分为视杆细胞和视锥细胞。视杆细胞在光线较暗时活动,有较高的光敏度,但不能作精细的空间分辨,且不参与色觉。在较明亮的环境中以视锥细胞活动为主,它提供色觉以及精细视觉。在视网膜黄斑部位的中央凹区,几乎只有视锥细胞,这一区域有很高的空间分辨能力(视锐度,又称视力)。中央凹以外区域,两种细胞兼有,离中央凹越远,视杆细胞越多,视锥细胞则越少。

2. 眼球内容物　眼球内容物是眼球内一些无色透明的折光结构,包括晶状体、眼房水和玻璃体。晶状体是呈双凸透镜状的透明体,前面较平坦,后面的曲度较大,位于虹膜和玻璃体之间,周缘由睫状小带连于睫状突上。玻璃体是无色透明的胶状物质,表面覆有玻璃体囊。它充满于晶状体和视网膜之间,约占眼球内空腔的 4/5。

眼的屈光装置由角膜、房水、晶状体和玻璃体四部分构成,共同特点是无色、透明,允许光线通过。

(二) 眼副器

眼副器包括眼睑、结膜、泪器、眼球外肌以及眶内的筋膜和脂肪等。

1. 眼睑　分上睑和下睑,上、下睑缘之间的裂隙称睑裂。睑裂的内、外侧端为内眦和外眦。内眦附近有一微陷的泪湖,泪湖底上有蔷薇色的隆起称泪阜。上睑、下睑的内侧端各有一小突起,突起顶部有一小孔,称泪点,是泪小管的开口。睑缘有睫毛,上下睫毛均弯曲向前。可在活体上互相观察对方的眼睑结构。

2. 结膜　覆盖在眼睑内面和眼球表面,富有血管;按所在部位分为睑结膜、球结膜和结膜穹隆(穹隆结膜);在眼球前面,它们围成的腔隙称为结膜囊,开口于睑裂。

3. 泪器　由泪腺(图 12-2)和泪道组成。泪道包括泪点、泪小管、泪囊和鼻泪管。泪腺位于眶上壁外侧部的泪腺窝内,分泌的泪液借瞬眼活动涂抹于眼球的表面,多余泪液经泪点入泪小管。泪小管在眼睑的皮下,分为上、下泪小管。最初均垂直行走,以后呈水平方向进入泪囊。泪囊位于眼眶内侧壁的泪囊窝内,下部移行于鼻泪管。眼轮匝肌有少量肌束跨过泪囊的深面;该肌收缩闭眼时,可同时牵拉扩大泪囊,囊内产生负压,促使泪液流入。鼻泪管为膜性管道,末端开口于下鼻道。

4. 眼球外肌　眼球外肌组成如图 12-2 及表 12-2 所示。

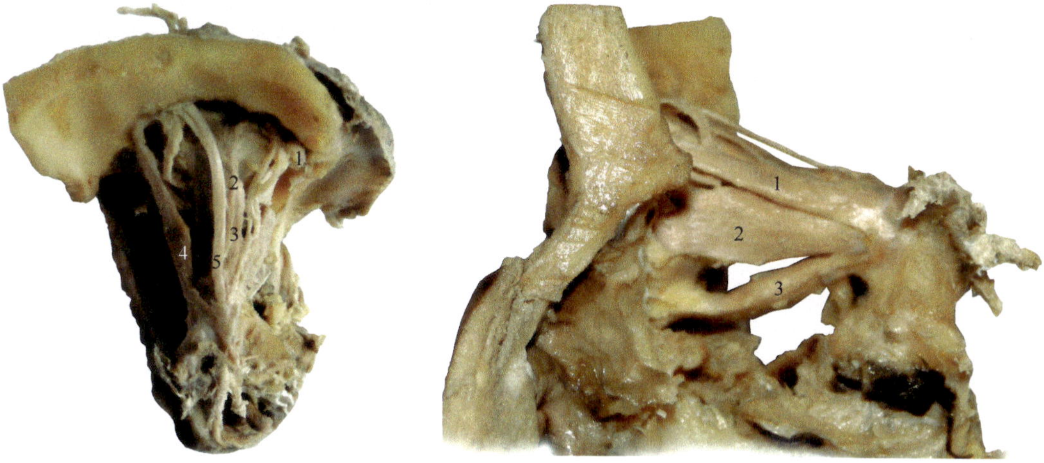

A　　　　B

图 12-2　眼球外肌

A. 上面观:1. 泪腺;2. 上睑提肌;3. 上直肌;4. 上斜肌;5. 额神经;B. 内侧面观:1. 上斜肌;2. 内直肌;3. 下直肌

表 12-2　眼球外肌的起止点、功能和神经支配

<table>
<tr><th>名称</th><th>起点</th><th>止点</th><th>功能</th><th>神经支配</th></tr>
<tr><td>上睑提肌</td><td>视神经管前上方的眶壁</td><td>上睑皮肤、上睑板</td><td>上提上睑</td><td>动眼神经</td></tr>
<tr><td>上斜肌</td><td>蝶骨体</td><td>眼球后外侧赤道后方的巩膜</td><td>瞳孔转向下外</td><td>滑车神经</td></tr>
<tr><td>下斜肌</td><td>眶下壁内侧份</td><td>眼球下赤道后方的巩膜</td><td>瞳孔转向上外</td><td rowspan="4">动眼神经</td></tr>
<tr><td>上直肌</td><td rowspan="4">总腱环</td><td rowspan="4">眼球赤道以前的巩膜</td><td>瞳孔转向上内</td></tr>
<tr><td>下直肌</td><td>瞳孔转向下内</td></tr>
<tr><td>内直肌</td><td>瞳孔转向内侧</td></tr>
<tr><td>外直肌</td><td>瞳孔转向外侧</td><td>展神经</td></tr>
</table>

上睑提肌以宽阔的腱膜止于上睑,膜的后份由平滑肌组成,附着于上睑板的上缘,称上睑板肌或 Milller 肌。

5. 眶脂体和眶筋膜　眶壁和眼球间的空隙填充脂肪组织,称眶脂体。眶脂体与眼球的后外部间,隔有致密的纤维膜,称为眼球筋膜,又称眼球鞘或 Tenon 囊,眼球在囊内可灵活转动。

(三) 眼的血管

1. 眼的动脉　眼球及眼副器的血液供应,主要由颈内动脉的分支眼动脉供应。眼动脉起自颈内动脉,经视神经管入眶,先在视神经的外侧,然后在上直肌的下方越至眼眶的内侧前行,终于滑车上动脉。眼动脉在行程中发出分支供应眼球、眼球外肌、泪腺和眼睑等。其最重要的分支为视网膜中央动脉。

视网膜中央动脉是眼动脉的一小分支,在眼球后方穿入视神经,行于视神经中央,从视神经盘穿出,再分为 4 支,即视网膜鼻侧上、下小动脉和颞侧上、下小动脉,营养视网膜内层,但黄斑的中央凹无血管分布。

2. 眼的静脉 眶内主要有眼上静脉和眼下静脉。眼球内的静脉:①视网膜中央静脉,与同名动脉伴行,收集视网膜的血液回流。②涡静脉,位于眼球壁血管膜的外层,有 4 ~ 6 条,收集虹膜、睫状体和全部脉络膜的血液回流。③睫前静脉,收集眼球前部虹膜等处的血液回流。这些静脉部汇入眼上静脉和眼下静脉。眼静脉无瓣膜,向前与面静脉吻合,向后注入海绵窦。

(郭　玮)

思 考 题

何为视神经盘和黄斑？各有何结构特点和生理学意义。

第十三章 前庭蜗器

一、学习要求

(1) 掌握前庭蜗器的组成和功能。
(2) 了解外耳的组成。
(3) 掌握中耳鼓室6个壁的组成和鼓室内容物。
(4) 掌握球囊斑、椭圆囊斑、壶腹嵴和螺旋器的位置。
(5) 了解声音在耳内的传导途径。

二、验证学习的标本

(1) 前庭蜗器的标本和模型。
(2) 听小骨标本。
(3) 内耳骨迷路标本及模型。
(4) 显示颅底内面标本。

三、注意事项

(1) 因中耳和内耳包裹于颞骨内,位置较深,因此多结合模型进行观察。
(2) 耳廓和外耳道可在活体上观察。

四、验证性学习

观察前庭蜗器的标本和模型,前庭蜗器分为外耳、中耳和内耳3部分(图13-1)。内耳有感受声波刺激的蜗器和感受体位变化的前庭器,外耳和中耳有声波的传导装置。

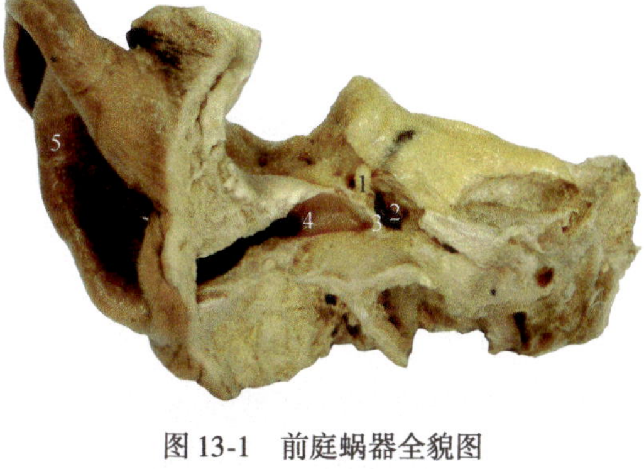

图13-1 前庭蜗器全貌图
1. 听小骨;2. 鼓室;3. 鼓膜;4. 外耳道;5. 耳廓

(一) 外耳

外耳包括耳廓、外耳道和鼓膜3部分。

1. 耳廓 耳廓以弹性软骨为支架,外覆皮肤,皮下组织很少,但血管神经丰富;耳廓下方无软骨仅含结缔组织和脂肪,称为耳垂。

2. 外耳道 外耳道是外耳门至鼓膜之间的弯曲管道,外1/3为软骨部,内2/3为骨部,属于颞骨。

3. 鼓膜 鼓膜是一椭圆形半透明的纤维组织薄膜,位于鼓室和外耳道之间,鼓膜在外耳道底呈倾斜位,外侧面向前、向下、向外倾斜。

图 13-2　中耳鼓室

1. 颈内动脉;2. 听小骨;3. 鼓室 4. 咽鼓管;5. 耳廓;6. 外耳道;7. 鼓膜;8. 面神经

(二) 中耳

中耳是传导声波的主要部分,位于外耳和内耳之间,为一含气的不规则腔道,大部分在颞骨岩部内,包括鼓室、咽鼓管、乳突窦和乳突小房。

1. 鼓室　中耳鼓室模型上观察 6 个壁的组成,标本上观察迷路壁上的特征结构:岬、前庭窗、蜗窗、面神经管凸等(图 13-2)。

2. 听小骨　标本上观察锤骨、砧骨和镫骨的外形,结合模型观察 3 块听小骨构成的杠杆系统(图 13-3)。

3. 咽鼓管　咽鼓管是连通鼻咽和鼓室之间的管道,使鼓室和外界的大气压相等。

4. 乳突小房　乳突小房是颞骨乳突内的蜂窝状含气小腔,开口于鼓室。

咽鼓管阻塞　咽鼓管咽口平时封闭,当吞咽时,咽口张开,使鼻咽部气体进入鼓室,以维持鼓膜两侧压力平衡。如果咽鼓管闭塞或鼻咽部炎症造成咽口闭合都可致鼓室压力降低,外界压力相对增高,从而使鼓膜内陷而影响听力。同时,中耳腔内毛细血管内的血清随之渗出到中耳腔,形成中耳积液,这就是所谓分泌性中耳炎。若不及时治疗,可能会发生纤维化等一系列病理生理改变,最终将中耳的听小骨包绕起来,称为鼓室硬化症,使其无法振动,听力就会逐步下降。

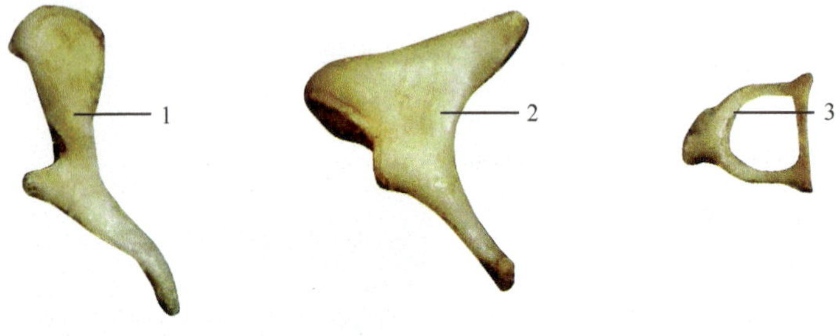

图 13-3　听小骨

1. 锤骨;2. 砧骨;3. 镫骨

(三) 内耳

内耳是前庭蜗器的主要部分,由骨迷路和膜迷路组成(图 13-4)。

1. 骨迷路　在模型上观察耳蜗、前庭和骨半规管的排列。

(1) 耳蜗:为骨迷路的前部,位于前庭的前方,蜗螺旋管绕锥体形的蜗轴盘旋两圈半。将耳蜗模型从蜗顶至蜗底的切面观察,可见蜗轴向蜗螺旋管内伸出一薄骨板,称为骨螺旋板。此板上方称为前庭阶,下方称为鼓阶。

(2) 前庭:位于耳蜗与骨半规管之间。在模型上辨认其外侧壁上方与前庭阶相通的前

A B

图 13-4 内耳

A. 前面观：1. 颈内动脉；2. 咽鼓管；3. 鼓膜张肌；4. 骨半规管；5. 耳蜗

B. 上面观：1. 乳突窦；2. 前庭蜗神经；3. 耳蜗；4. 骨半规管

庭窗和外侧壁下方与鼓阶相通的蜗窗。

（3）骨半规管：位于前庭后方，为 3 个“C”字形相互垂直排列的弯曲骨管。按其位置辨认出前、后、外骨半规管，每个骨半规管有一个较细的单骨脚和一个膨大的壶腹骨脚，注意前、后骨半规管的单骨脚合成为一个总骨脚，所以 3 个半规管只有 5 个脚（孔）连结或开口于前庭。

2. 膜迷路 膜迷路套在骨迷路内。蜗管位于耳蜗内，膜半规管位于骨半规管内，椭圆囊和球囊位于前庭内。

（1）蜗管：呈三角形，有 3 个壁。上壁为前庭壁，外侧壁是螺旋管增厚的骨膜，下壁为基底膜（螺旋膜）。在螺旋膜上，局部增厚形成隆起称为螺旋器（又称 Corti 器），是听觉感受器。

（2）膜半规管：分前膜半规管、后膜半规管和外膜半规管。各膜半规管亦有相应的球形膨大部分，称为膜壶腹；其壁上黏膜增厚形成嵴状突起称为壶腹嵴，是位觉感受器。

（3）球囊和椭圆囊：在前庭内，前下方的球囊，与蜗管相通；后上方的椭圆囊，与膜半规管相通。囊壁均有局部增厚部分，分别为椭圆囊斑和球囊斑，也是位觉感受器。

（郭 玮）

思 考 题

1. 中耳炎时可能出现哪些并发症？为什么？
2. 螺旋器、壶腹嵴、椭圆囊斑和球囊斑各有什么功能？

第五部分　神经系统

第十四章　中枢神经系统

第一节　脊　髓

一、学习要求

（1）掌握脊髓的位置、外形特征，脊髓节段的概念；了解脊髓节段与椎骨的对应关系。

（2）掌握脊髓灰质、白质的配布，脊髓灰质的板层结构及其相应主要核团（前角运动神经元、中间外侧核、后角边缘核、胶状质、后角固有核、胸核等）的位置和功能。

（3）掌握脊髓主要上行纤维束（薄束、楔束、脊髓丘脑束）和主要下行纤维束（皮质脊髓束）的位置、起止和功能；了解其他纤维束（红核脊髓束、前庭脊髓束、顶盖脊髓束、内侧纵束、网状脊髓束和固有束）。

（4）了解脊髓的功能。

二、验证学习标本

（1）原位脊髓和离体脊髓标本。

（2）脊髓横切图片，观察脊髓表面6条纵沟，观察灰质、白质和中央管的位置。

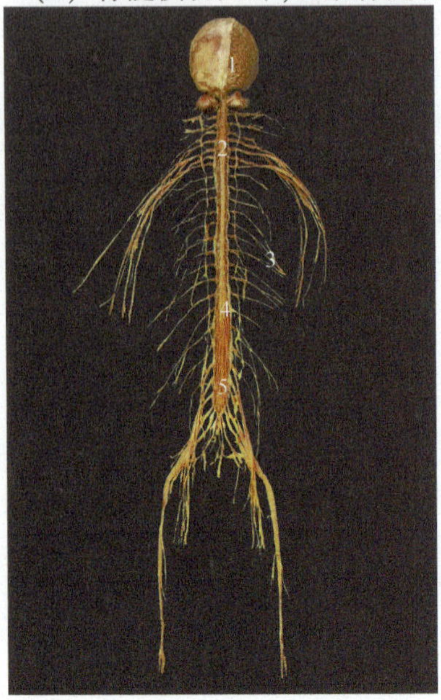

图14-1　脊髓的外形

1. 脑；2. 颈膨大；3. 脊神经；4. 腰骶膨大；5. 马尾

三、注意事项

脊髓标本柔嫩脆弱，观察时应动作轻柔、避免撕扯。

四、验证性学习

（一）脊髓的外形

利用在椎管内原位脊髓和离体脊髓标本，观察脊髓外形的解剖特点。脊髓位于椎管，上端平枕骨大孔处与延髓相连，末端变细，称脊髓圆锥。于第1腰椎体下缘处续为无神经组织的终丝。脊髓全长有2个膨大（颈膨大和腰骶膨大）和6条纵沟（单一的前正中裂和后正中沟、成对的前外侧沟和后外侧沟）。与每一对脊神经前后根相连的一段脊髓称为一个脊髓节段，脊髓节段共分31个（颈节8个、胸节12个、腰节5个、骶节5个、尾节1个）。腰神经、骶神经、尾神经在出相应的椎间孔之前，围绕终丝垂直下行，形成马尾（图14-1）。

（二）脊髓的内部结构

利用脊髓横切图片，观察学习内部结构。由于脊髓的内部结构，大多可见于中胸部，故先观察胸髓的横切面，再与颈节、腰节、骶节等节段的切面进行比较。观察脊髓切片时，先以肉眼或放大镜观察中央的灰质和外周的白质基本分布（图 14-2），进而借助低倍显微镜观察主要核团和纤维束。

图 14-2　脊髓的横切面

1. 后角；2. 中间带；3. 前角；4. 前正中裂；5. 前索；6. 外侧索；7. 后索

脊髓中央是“H”形灰质，由背侧到腹侧分为后角（含后角边缘核、胶状质、后角固有核和背核）、中间带（含中间外侧核和中间内侧核）和前角（含前角运动神经元），对应 Rexed 的 10 个板层；周围是白质（前索、外侧索和后索），内有重要的纤维束通过（上行纤维束包括薄束、楔束、脊髓丘脑前束和脊髓丘脑侧束等；下行纤维束包括皮质脊髓前束和皮质脊髓侧束等）。

第二节　脑

一、学习要求

1. 脑干

（1）掌握脑干位置和组成，脑干各部的主要外形结构和第四脑室的位置。

（2）了解脑干的内部结构概况（神经核、纤维束和网状结构）；掌握脑神经核在脑干内配布规律，重要的非脑神经核（薄束核、楔束核、下橄榄核、红核和黑质）的位置，了解其功能。

（3）掌握主要上行纤维束和下行纤维束（内侧丘系、脊髓丘系、外侧丘系、三叉丘系和锥体束）的起止、行程和功能。

（4）掌握脑干网状结构的概念；了解其分区、纤维联系和主要功能。

2. 小脑　掌握小脑的位置、外形、分叶和功能；了解小脑内部结构（小脑核、小脑脚）。

3. 间脑

（1）掌握间脑的位置与分部，第三脑室的位置。

（2）掌握丘脑的位置和分部；了解纤维联系和功能。

（3）掌握下丘脑的位置；了解其分区、组成结构及其纤维联系与功能。

（4）了解上丘脑和底丘脑的位置与组成结构。

4. 端脑

（1）掌握端脑的外形、分叶和主要沟回。

（2）了解大脑皮质分区；掌握第 1 躯体运动区、第 1 躯体感觉区、视觉区、听觉区的位置与投射特点，运动性语言中枢、听觉性语言中枢、书写中枢、视觉性语言中枢的部位及其功能，了解其临床意义。了解平衡觉区、嗅觉区、味觉区、内脏活动皮质中枢的部位。掌握基底核的位置、组成,了解其主要功能。掌握新、旧纹状体的组成。

(3) 了解大脑髓质的神经纤维分类(联合纤维、联络纤维、投射纤维)概况;掌握内囊的位置、分部、通过各部重要纤维束的局部位置关系和临床意义。

(4) 了解边缘系统的组成和功能。

二、验证学习标本

(1) 整脑标本。

(2) 脑正中矢状面标本。

(3) 离体脑干、间脑、小脑、端脑标本与模型。

(4) 电动透明脑干模型。

(5) 显示纹状体和内囊的端脑水平切面标本。

三、注 意 事 项

(1) 观察脑时要轻拿轻放,切勿用镊子夹持。

(2) 脑的结构复杂、区域狭小,应结合模型进行学习。

四、验证性学习

脑位于颅腔,分为脑干(延髓、脑桥、中脑)、间脑、小脑和端脑(图 14-3、图 14-4)。

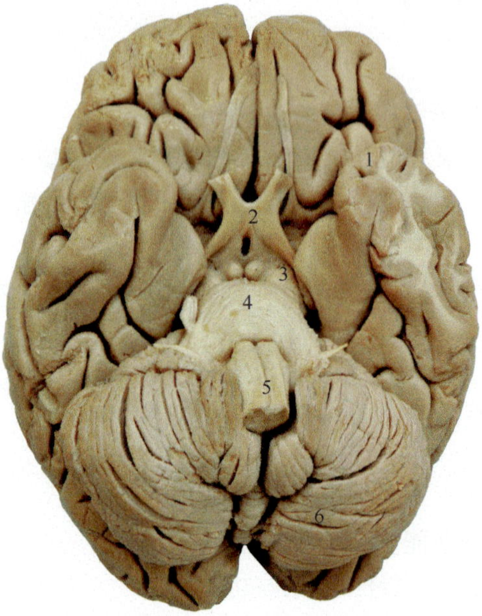

图 14-3　脑的底部

1. 端脑;2. 间脑;3. 中脑;4. 脑桥;5. 延髓;6. 小脑

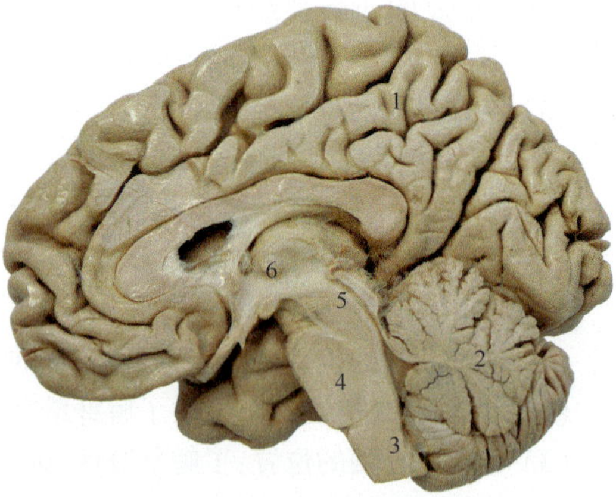

图 14-4　脑的正中矢状面

1. 端脑;2. 小脑;3. 延髓;4. 脑桥;5. 中脑;6. 间脑

(一) 脑干

1. 脑干的外形　脑干自下而上由延髓、脑桥和中脑 3 部分组成(图 14-5,表 14-1)。

(1) 延髓：与脑桥在腹面以延髓脑桥沟分界，在背面以髓纹分界。在腹面，前正中裂两侧为锥体，延髓和脊髓交界处，可见锥体交叉充填前正中裂。锥体的外侧是橄榄，橄榄和锥体之间的前外侧沟有舌下神经根丝出脑，在橄榄的背外侧，自上而下可见：舌咽神经、迷走神经、副神经。在背面，延髓上部中央管敞开为第四脑室，形成菱形窝的下部；延髓下部从内侧向外侧依次为：薄束结节、楔束结节、小脑下脚。

(2) 脑桥：腹面膨隆为基底部，其正中有纵行基底沟，基底部向外变窄移行为小脑中脚，二者之间连有三叉神经。在延髓脑桥沟，自内向外分别为：展神经、面神经、前庭蜗神经。背面形成菱形窝的上部。

(3) 中脑：腹面一对粗大隆起，称大脑脚；两侧大脑脚之间为脚间窝，窝底称后穿质，有许多血管穿入。动眼神经自大脑脚内侧出脑。背面上、下两对圆形隆起，分别为上丘和下丘，上丘借上丘臂与外侧膝状体相连，下丘借下丘臂与内侧膝状体相连。中脑内的管道称中脑水管。

(4) 第四脑室：延髓和脑桥的背面与小脑相连，它们之间的室腔为第四脑室。菱形窝即第四脑室底，可见正中沟、界沟、内侧隆起、面神经丘、舌下神经三角、迷走神经三角、前庭区等结构。第四脑室顶前部为小脑上脚和前髓帆（上髓帆），后部由后髓帆（下髓帆）和第四脑室脉络组织形成。

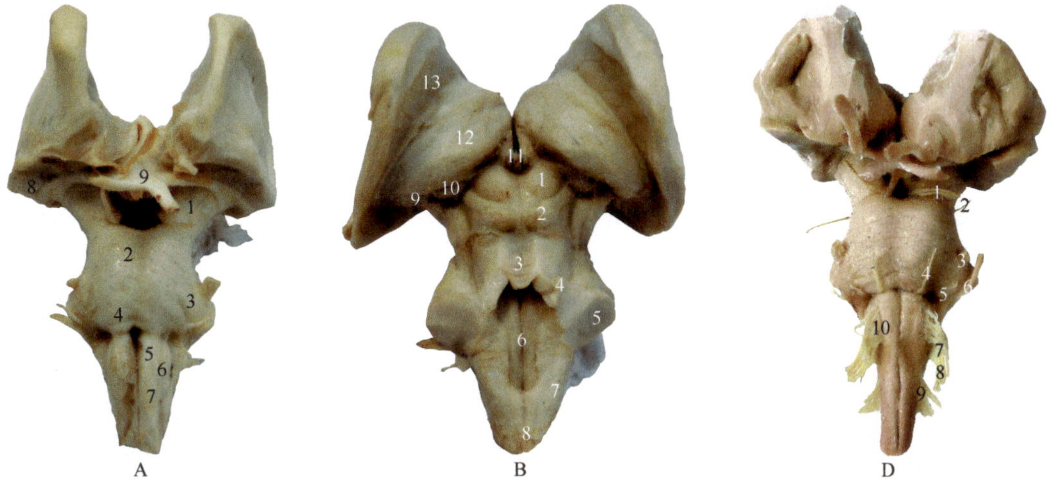

图 14-5 脑干

A. 腹面观：1. 大脑脚；2. 基底沟；3. 小脑中脚；4. 延髓脑桥沟；5. 锥体；6. 橄榄；7. 锥体交叉；8. 视束；9. 视交叉

B. 背面观：1. 上丘；2. 下丘；3. 上髓帆；4. 小脑上脚；5. 小脑中脚；6. 菱形窝；7. 楔束结节；8. 薄束结节；9. 外侧膝状体；10. 内侧膝状体；11. 松果体；12. 丘脑；13. 尾状核

C. 相连的脑神经：1. 动眼神经；2. 滑车神经；3. 三叉神经；4. 展神经；5. 面神经；6. 前庭蜗神经；7. 舌咽神经；8. 迷走神经；9. 副神经；10. 舌下神经

表 14-1 脑干的外形

	腹侧面	背侧面	相连脑神经
中脑	大脑脚、脚间窝	上丘、下丘	Ⅲ、Ⅳ
脑桥	基底部、基底沟、小脑中脚	菱形窝上部	Ⅴ、Ⅵ、Ⅶ、Ⅷ
延髓	锥体、锥体交叉、橄榄	菱形窝下部、薄束结节、楔束结节、小脑下脚	Ⅸ、Ⅹ、Ⅺ、Ⅻ

2. 脑干的内部结构 在电动透明脑干模型上，观察脑神经核的配布、性质，识别动眼神经核、滑车神经核、展神经核、舌下神经核、三叉神经运动核、三叉神经感觉核群、面神经核

等神经核的位置(表 14-2)。

借助脑干横切图片、标本,观察主要神经核(脑神经核、非脑神经核)和纤维束(内侧丘系、脊髓丘系、外侧丘系、三叉丘系和锥体束)的位置、配布特点。

表 14-2 脑干的内部结构

<table>
<tr><th rowspan="3">结构
分部</th><th colspan="7">灰质</th><th rowspan="3">白质</th></tr>
<tr><th colspan="6">脑神经核</th><th rowspan="2">非脑神经核</th></tr>
<tr><th>一般躯体运动柱</th><th>特殊内脏运动柱</th><th>一般内脏运动柱</th><th>内脏感觉柱</th><th>一般躯体感觉柱</th><th>特殊躯体感觉柱</th></tr>
<tr><td>中脑</td><td>动眼神经核
滑车神经核</td><td>—</td><td>动眼神经副核</td><td>—</td><td>三叉神经中脑核</td><td>—</td><td>红核
黑质
上丘
下丘</td><td rowspan="4">内侧丘系
脊髓丘系
三叉丘系
外侧丘系
锥体束</td></tr>
<tr><td rowspan="2">脑桥</td><td rowspan="2">展神经核</td><td>三叉神经运动核</td><td rowspan="2">上泌涎核</td><td rowspan="3">孤束核</td><td>三叉神经脑桥核</td><td rowspan="3">前庭神经核
蜗神经核</td><td rowspan="2">脑桥核
上橄榄核</td></tr>
<tr><td>面神经核</td><td rowspan="2">三叉神经脊束核</td></tr>
<tr><td>延髓</td><td>舌下神经核</td><td>疑核
副神经核</td><td>下泌涎核
迷走神经背核</td><td>薄束核
楔束核
下橄榄核</td></tr>
</table>

(二) 小脑

通过离体小脑标本上和模型,观察小脑的外形。识别原裂、绒球小结叶、小脑扁桃体、蚓等主要结构(图 14-6)。

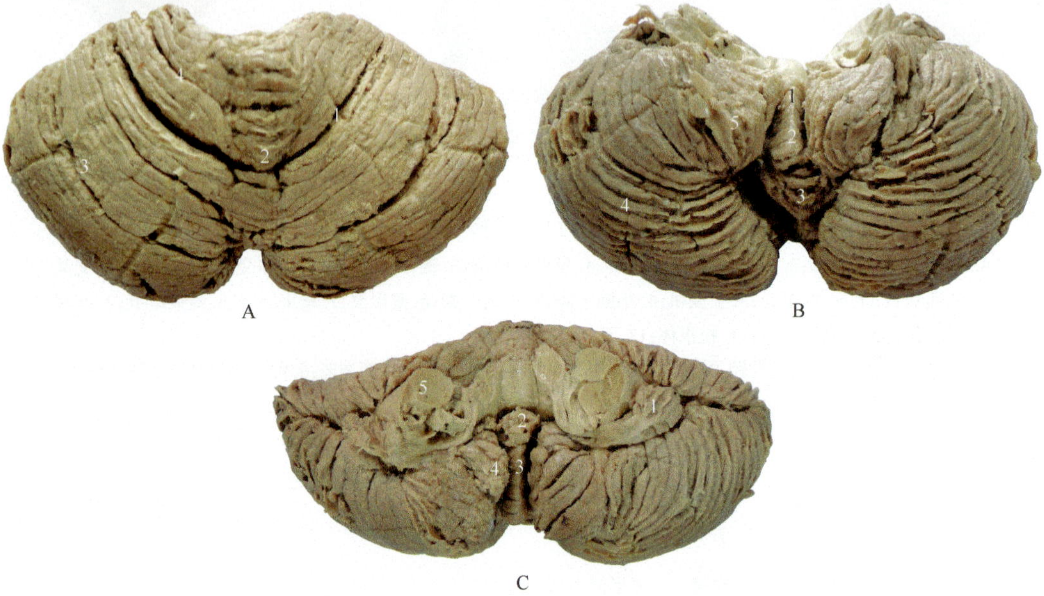

图 14-6 小脑

A. 上面:1. 原裂;2. 小脑蚓;3. 后叶;4. 前叶

B. 下后面:1. 小结;2. 蚓垂;3. 蚓锥体;4. 后叶;5. 小脑扁桃体

C. 下前面:1. 绒球;2. 小结;3. 蚓垂;4. 小脑扁桃体;5. 小脑中脚

小脑扁桃体　小脑扁桃体位于小脑下面并靠近延髓，具有重要临床意义。当某种病变(如肿瘤或出血)引起颅内压增高时，小脑扁桃体会挤压延髓造成呼吸、循环衰竭而导致严重后果。

(三) 间脑

间脑的外形见表 14-3。

表 14-3　间脑的外形

分部	主要结构	分部	主要结构
丘脑	丘脑前结节、丘脑枕	底丘脑	间脑和中脑被盖的过渡区
后丘脑	内侧膝状体、外侧膝状体	下丘脑	视交叉、灰结节、乳头体
上丘脑	丘脑髓纹、缰三角、松果体		

(四) 端脑

1. 外形　每侧半球以 3 条恒定的沟(外侧沟、中央沟和顶枕沟)分为 5 叶(额叶、颞叶、枕叶、顶叶和岛叶)。辨认各叶表面主要的沟和回(图 14-7 ~ 图 14-9)。

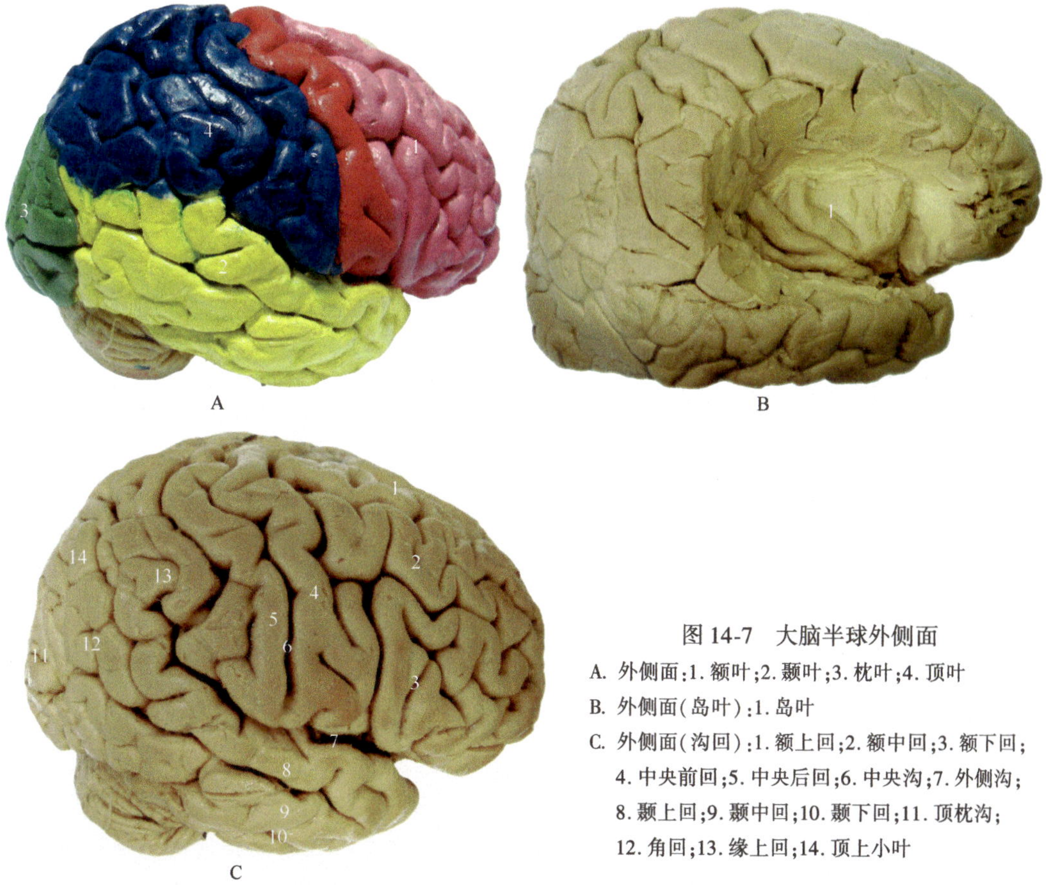

图 14-7　大脑半球外侧面

A. 外侧面：1. 额叶；2. 颞叶；3. 枕叶；4. 顶叶

B. 外侧面(岛叶)：1. 岛叶

C. 外侧面(沟回)：1. 额上回；2. 额中回；3. 额下回；4. 中央前回；5. 中央后回；6. 中央沟；7. 外侧沟；8. 颞上回；9. 颞中回；10. 颞下回；11. 顶枕沟；12. 角回；13. 缘上回；14. 顶上小叶

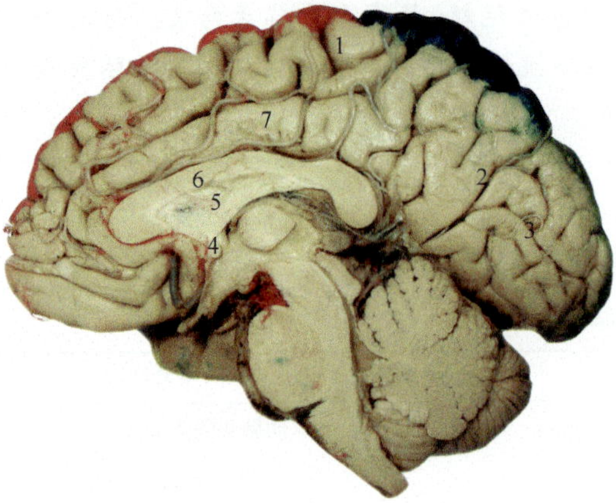

图 14-8 大脑半球内侧面

1. 中央旁小叶;2. 顶枕沟;3. 距状沟;4. 前连合;
5. 透明隔;6. 胼胝体;7. 扣带回

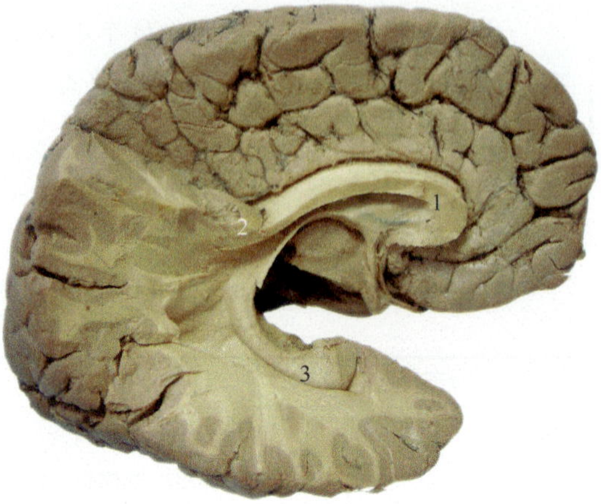

图 14-9 海马结构

1. 胼胝体;2. 穹隆;3. 海马

2. 内部结构 脑的水平切面观察,表层颜色较深的为大脑皮质,深层颜色较浅的为大脑髓质。在髓质深部的灰质团块为基底核,大脑半球的内腔为侧脑室。

(1) 大脑皮质:大脑皮质的功能定位见表 14-4。

表 14-4 大脑皮质的功能定位

分部		位置	特点
第 1 躯体运动区		中央前回和中央旁小叶的前部	身体各部在第 1 躯体运动区投影和第 1 躯体感觉区投射特点是:①上下颠倒(头面部不倒);②左右交叉;③不成比例(大小与形体大小无关,取决于运动功能的重要性、复杂程度及感觉的敏感程度)
第 1 躯体感觉区		中央后回和中央旁小叶的后部	
听觉区		颞横回	
视觉区		距状沟上下方的皮质	
语言中枢	运动性语言中枢(说话中枢)	额下回后部	
	书写中枢	额中回后部	
	听觉性语言区(听话中枢)	颞上回后部	
	视觉性语言区(阅读中枢)	角回	

(2) 侧脑室:分 4 部。中央部位于顶叶;前角伸入额叶;后角伸入枕叶;下角伸入颞叶(图 14-10)。

(3) 基底核:在脑的水平切面(图 14-11)和冠状切面上辨认尾状核、豆状核及屏状核。

(4) 髓质:观察大脑的联络纤维、连合纤维(胼胝体)和投射纤维(内囊)。在水平切面上,尾状核、背侧丘脑与豆状核之间,寻找呈向外开放的"V"形内囊结构(图 14-11,图 14-12)。

脑机接口 脑机接口(brain-computer interface,BCI)研究始于 20 世纪 70 年代,是在人或动物脑(或者脑细胞的培养物)与外部设备间建立的直接连接通路。通过这种方式,人可以直接通过脑(如脑电信号)来表达想法或操纵其他设备,而不需要通过语言或肢体的动作,是一种全新的通信和控制方式。

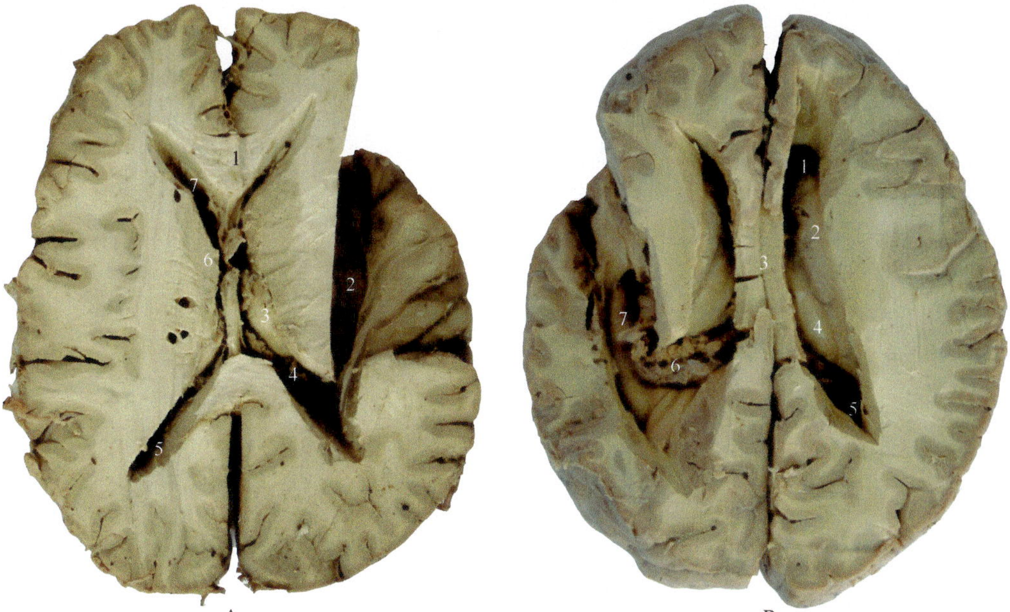

A　　　　B

图 14-10 侧脑室

A：1. 胼胝体；2. 侧脑室下角；3. 丘脑；4. 侧脑室脉络丛；5. 侧脑室后角；6. 尾状核；7. 侧脑室前角

B：1. 侧脑室前角；2. 尾状核；3. 胼胝体；4. 丘脑；5. 侧脑室后角；6. 侧脑室脉络丛；7. 海马

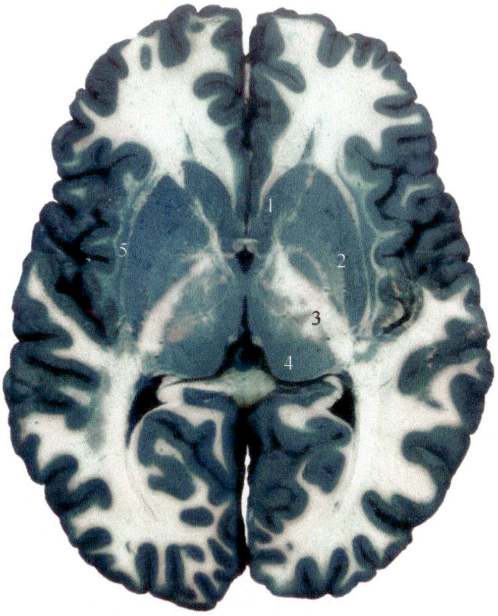

图 14-11 脑的水平切面（lemaevier 染色法）

1. 尾状核；2. 豆状核；3. 内囊；4. 背侧丘脑；5. 屏状核

图 14-12 大脑半球内纤维

1. 弓状纤维；2. 内囊

（徐剑文 吴云霞）

思 考 题

1. 试分析脊髓颈膨大、腰骶膨大和马尾形成的原因。

2. 单侧内囊出血,临床上出现“三偏”综合征,为什么?

3. 普遍生物体结构的配布符合能量节约原则,而人类大脑支配躯体感觉和运动的神经纤维需要左右交叉,为什么?

第十五章　周围神经系统

周围神经分为与脑相连的脑神经(12 对)和与脊髓相连的脊神经(31 对)。为便于叙述,将内脏神经独立一节并于本章学习。

第一节　脊　神　经

一、学 习 要 求

(1) 掌握脊神经的组成和纤维成分、脊神经的区分、脊神经节的概念。
(2) 掌握颈丛、臂丛、腰丛、骶丛的组成和位置,重要分支的名称、行程、分布和功能。
(3) 掌握胸神经前支的阶段性分布规律。
(4) 了解脊神经主要分支损伤的临床症状。

二、验证学习标本

(1) 显示脊神经根、脊神经节和脊神经分支的脊髓标本。
(2) 显示颈丛及其分支的头颈部标本。
(3) 显露肋间神经、膈神经和膈肌的胸部标本。
(4) 切断前斜角肌、显露臂丛及其分支的颈部-胸部-上肢标本。
(5) 显示腰丛和下肢主要神经分支的腹后壁-下肢标本。
(6) 显示腹股沟神经和髂腹下神经的腹股沟区标本。
(7) 显示骶丛和下肢主要神经分支的盆部-下肢标本。

三、注 意 事 项

(1) 观察脊髓和脊神经标本,勿提拉、拖拽或强力提起,以免造成损伤和断裂。
(2) 在观察脊神经分布时,结合相应支配的骨骼肌学习。

四、验证性学习

(一) 脊神经概况

应用连有脊神经的脊髓标本观察脊神经根、脊神经节和脊神经分支。

脊神经节,位于脊神经后根。

脊神经分支:后支,向后穿过横突间软组织分布到躯干背部;脊膜支,细小,标本上难以看到;交通支,连接交感干(详见内脏神经);前支,较粗大,走向脊柱前外侧,除大部分胸神经前支外,其余各前支分别交织形成颈丛、臂丛、腰丛和骶丛(表 15-1)。

表 15-1 脊神经前支简表

名称	组成	位置	重要分支	分布	损伤症状
颈丛	$C_{1\sim4}$	胸锁乳突肌上部深面,肩胛提肌和中斜角肌表面	枕小神经	枕部,耳廓背面上部皮肤	
			耳大神经	耳廓及附近皮肤	
			颈横神经	颈前部皮肤	
			锁骨上神经	颈侧区下份,胸壁上部,肩部皮肤	
			膈神经	膈肌、心包、部分胸膜和腹膜、胆道	膈肌瘫痪
臂丛	$C_{5\sim8}$,T_1	经斜角肌间隙穿出,经锁骨后方进入腋窝	胸长神经	前锯肌	翼状肩
			胸背神经	背阔肌	背阔肌瘫痪
			肌皮神经	喙肱肌、肱二头肌、肱肌	屈肘无力
			正中神经	前臂屈肌群(尺侧腕屈肌、指深屈肌尺侧半和肱桡肌外),第1、2蚓状肌和鱼际肌(拇收肌除外);桡侧半手掌,桡侧三个半手指掌面及其中节和远节的指背皮肤	猿掌
			尺神经	尺侧腕屈肌,指深屈肌尺侧半,小鱼际肌,拇收肌,骨间肌,第3、4蚓状肌;手背尺侧半,尺侧两指半近节指背面,尺侧一指半中、远节指背,小鱼际,尺侧一指半指掌面的皮肤	爪形手
			桡神经	肱三头肌,肱桡肌,前臂伸肌群;臂和前臂后面、桡侧半手背、桡侧两指个半近节指背侧皮肤	垂腕
			腋神经	三角肌,小圆肌;三角肌区皮肤	方肩
胸神经	$T_1 \sim T_{12}$	肋间隙或肋下	肋间神经、肋下神经	肋间肌和腹前外侧肌群;胸腹壁皮肤	
腰丛	T_{12},$L_{1\sim4}$	腰椎两侧,腰大肌的深面	股神经	股四头肌、缝匠肌、耻骨肌;大腿前侧、小腿内侧面和足内侧缘皮肤	屈髋无力
			闭孔神经	大腿内侧肌群、闭孔外肌;大腿内侧皮肤	收髋无力
			髂腹股沟神经	腹壁肌;腹股沟部、阴囊或大阴唇皮肤	
			髂腹下神经	腹壁肌;臀外侧区、腹股沟区及下腹部皮肤	
			生殖股神经	提睾肌;阴囊或大阴唇、股三角区的皮肤	
			股外侧皮神经	大腿外侧部皮肤	
骶丛	$L_{4\sim5}$,$S_{1\sim5}$,Co	骶骨、梨状肌前面	坐骨神经	坐骨神经本干→大腿后群肌 胫神经→小腿后群肌、足底肌 腓浅神经→小腿外侧群肌 腓深神经→小腿前群肌	屈膝不能 钩状足 马蹄内翻足
			臀上神经	臀中肌、臀小肌、阔筋膜张肌	
			臀下神经	臀大肌、梨状肌	
			股后皮神经	臀区、股后区和腘窝皮肤	
			阴部神经	阴部肌群和皮肤	

(二) 颈丛

利用头颈部标本,在胸锁乳突肌深面(图 15-1),观察颈丛位置和分支。

(1) 皮支:多数经胸锁乳突肌后缘中点穿出深筋膜(图 15-2),向上、向前、向外下行走至浅层。

（2）膈神经：在头颈部和纵隔标本上观察膈神经的行程和分布；膈神经在颈根部和胸部分别位于前斜角肌表面和肺根前方下降（图 15-3、图 15-4）。

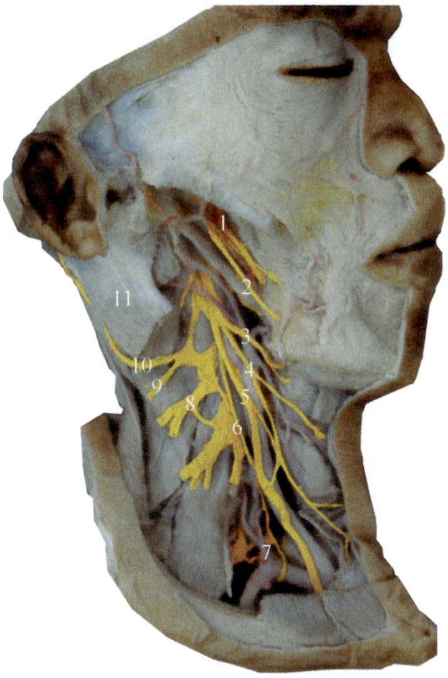

图 15-1　头颈部的神经（深层）

1. 舌神经；2. 下牙槽神经；3. 舌下神经；4. 颈袢上根；5. 迷走神经；6. 颈袢下根；7. 颈交感干；8. 颈丛；9. 副神经；10. 枕小神经；11. 胸锁乳突肌

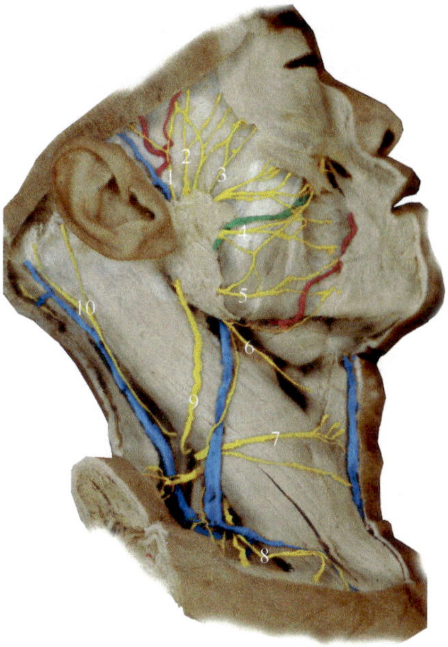

图 15-2　头颈部的神经（浅层）

1. 耳颞神经；2. 颞支；3. 颧支；4. 颊支；5. 下颌缘支；6. 颈支；7. 颈横神经；8. 锁骨上神经；9. 耳大神经；10. 枕小神经

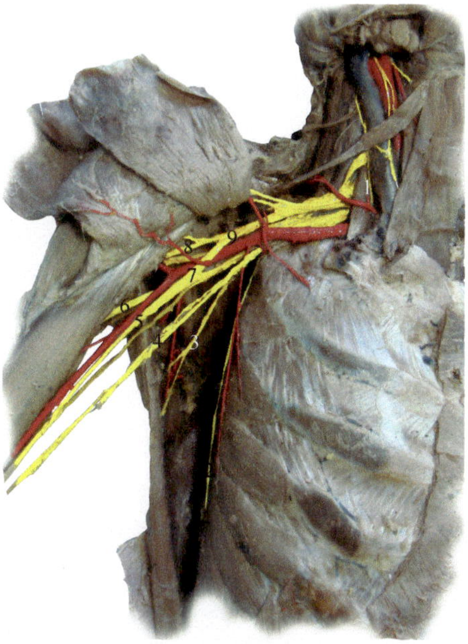

图 15-3　膈神经和臂丛

1. 膈神经；2. 胸长神经；3. 胸背神经；4. 尺神经；5. 正中神经；6. 桡神经；7. 腋神经；8. 肌皮神经；9. 外侧束

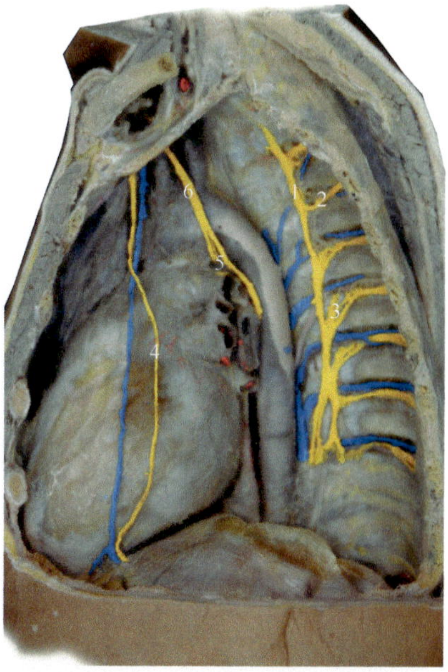

图 15-4　胸部的神经（纵隔左侧面观）

1. 胸交感干；2. 肋间神经；3. 交通支；4. 左膈神经；5. 左喉返神经；6. 左迷走神经

体外膈肌起搏器治疗顽固性呃逆 呃逆是由于膈肌、膈神经、迷走神经或中枢神经等受到刺激后引起一侧或双侧膈肌的阵发性痉挛,伴有吸气期声门突然关闭,发出短促响亮的特别声音。如果持续痉挛超过48小时未停止者,称顽固性膈肌痉挛,也称顽固性呃逆。体外膈肌起搏器用于治疗顽固性呃逆取得了很好的效果。其机制是产生的电脉冲刺激膈神经,干扰膈肌异常兴奋性收缩的反射弧,从而恢复正常的节律,达到治疗目的。

(三) 臂丛

在切断前斜角肌的颈部-胸部-上肢标本上辨认臂丛及其分支。

臂丛是上肢神经的总源,由五根、三干、六股、三束组成。

五根:第5~8颈神经和第1胸神经前支,位于斜角肌间隙,翻开前斜角肌便清晰可见。

三干:上干(C_5、C_6)、中干(C_7)和下干(C_8、T_1),在锁骨中段上方。

六股:由三干分别发出前、后股,位于锁骨中1/3后方和第1肋上面。

三束:三干的后股合成后束,上干、中干的前股合成外侧束,下干的前股续为内侧束。

由根、干、股、束发出分支,其中胸长神经、胸背神经、肌皮神经、正中神经、尺神经、腋神经和桡神经(表15-1,图15-3)是学习的重点。

在腋窝可见"M"形的结构(图15-3),是辨认肌皮神经、正中神经和尺神经的关键。

1. 肌皮神经 "M"的外侧部,由外侧束发出,穿喙肱肌,终支为前臂外侧皮神经(表15-1)。

2. 正中神经 "M"的中心,由外侧束的正中神经外侧根和内侧束发出的正中神经内侧根汇合而成,伴肱动脉沿肱二头肌内侧沟下行至肘窝,穿前臂前群肌,经腕横韧带深面到达手掌并发出分支(图15-3、图15-5,表15-1)。

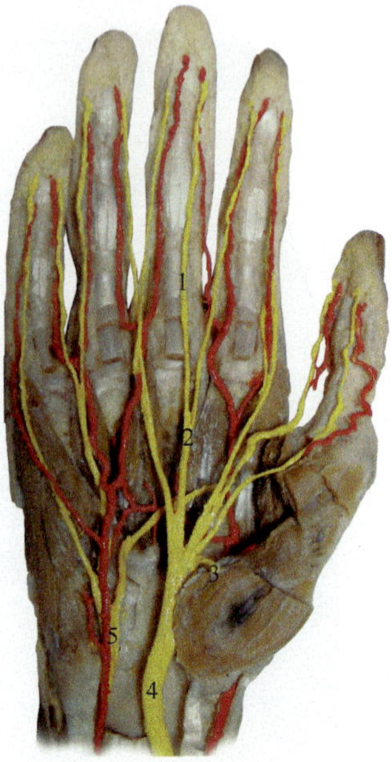

图15-5 手的神经

1. 指掌侧固有神经;2. 指掌侧总神经;3. 正中神经返支;4. 正中神经;5. 尺神经

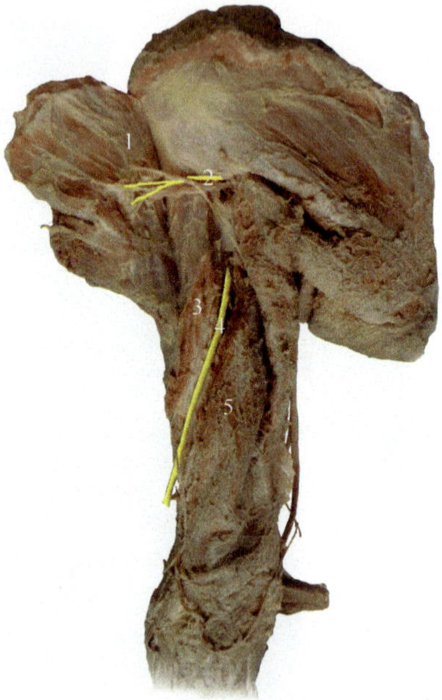

图15-6 臂部的神经(后面观)

1. 三角肌;2. 腋神经;3. 肱三头肌外侧头;4. 桡神经;5. 肱三头肌内侧头

3. 尺神经 “M”的内侧部，发自内侧束，沿肱动脉内侧下行，绕过尺神经沟后，经前臂前群肌，伴尺动脉至手掌并发出分支（图 15-3、图 15-5，表 15-1）。

4. 桡神经 由后束发出，与肱深动脉伴行，沿桡神经沟下行达肱骨外上髁前方，在肱肌和肱桡肌之间分为深、浅两终支（图 15-3、图 15-6，表 15-1）。

5. 腋神经 由后束发出，伴旋肱后动脉向后穿四边孔，绕肱骨外科颈分支入三角肌和小圆肌，有皮支分布于三角肌区和臂上份外侧皮肤（图 15-3、图 15-6，表 15-1）。

6. 胸背神经 由后束发出，沿肩胛骨外侧缘下降，支配背阔肌（图 15-3）。

7. 胸长神经 由臂丛根部发出，沿前锯肌表面下降，支配前锯肌（图 15-3）。

腕管综合征 腕管由腕骨沟与腕横韧带围成，有正中神经、指浅屈肌腱、指深屈肌腱和拇长屈肌腱通过。正常情况下，腕管具有保护其中内容物的作用。但腕管是骨纤维隧道，缺乏伸展性，滑液潴留、腱滑膜鞘肿胀和手腕过度锻炼等因素可引发腕管容积增加、压力增高，压迫正中神经，出现桡侧半手掌、拇指、示指、中指和环指外侧感觉异常，拇指无力等症状。

（四）胸神经前支

在胸壁标本上观察肋间神经和肋下神经（图 15-7）。

胸神经皮支的节段性配布规律：

胸骨角平面——第 2 胸神经。

乳头平面——第 4 胸神经。

剑突平面——第 6 胸神经。

肋弓平面——第 8 胸神经。

脐的平面——第 10 胸神经。

耻骨联合脐连线中点平面——第 12 胸神经（肋下神经）。

胸神经分布平面记忆歌 角二乳四剑突六，弓八脐十下半求。

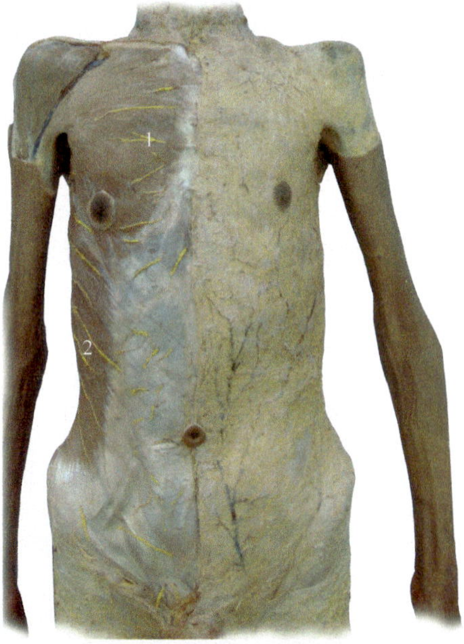

图 15-7 胸神经皮支

1. 肋间神经前皮支；2. 肋间神经外侧皮支

（五）腰丛

腹后壁-下肢标本上，翻开腰大肌，于腰椎横突前方可见腰丛。

1. 股神经 在腰大肌的外侧缘穿出后，沿腰大肌与髂肌之间下降，在腹股沟韧带深面行于股前部，此处发出许多分支形如扫把。其中最长的皮支是隐神经，在小腿、足内侧缘与大隐静脉伴行（图 15-8、图 15-9，表 15-1）。

2. 闭孔神经 在腰大肌内侧缘穿出后，沿小骨盆侧壁下行，穿闭孔膜至大腿内侧（图 15-10）。

3. 股外侧皮神经 在髂前上棘下方与大腿外侧（图 15-9）。

4. 生殖股神经 在腹后壁，由腰大肌前面穿出，沿该肌表面下行（图 15-8）。

5. 髂腹下神经、髂腹股沟神经 结合腹股沟区标本观察。在腹后壁，两神经几乎平行，从腰大肌外侧缘上份穿出，斜向外下越过腰方肌，在髂嵴上方穿过腹横肌。在腹股沟区，髂腹股沟神经位于腹股沟管内，髂腹下神经位其上方(图 15-8、图 15-11)。

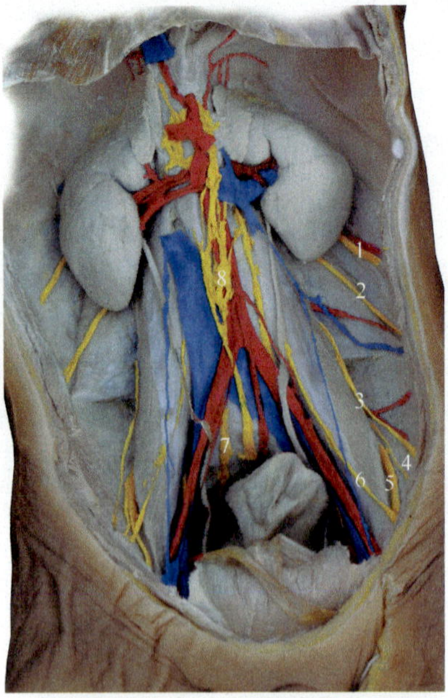

图 15-8 腹后壁的神经

1. 肋下神经;2. 髂腹下神经;3. 髂腹股沟神经;4. 股外侧皮神经;5. 股神经;6. 生殖股神经;7. 交感干;8. 神经丛

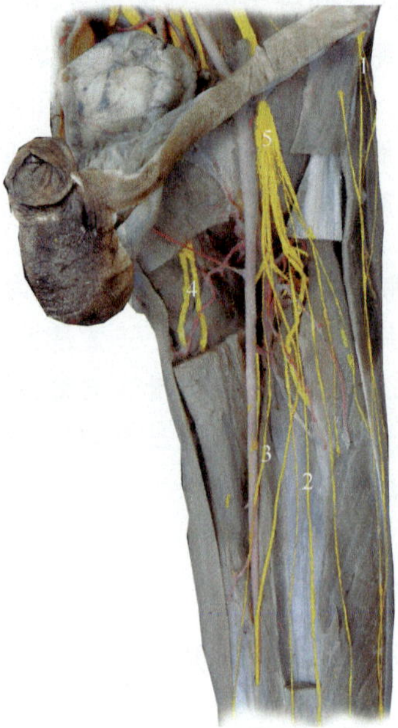

图 15-9 股前区的神经

1. 股外侧皮神经;2. 股中间皮神经;3. 隐神经;4. 闭孔神经;5. 股神经

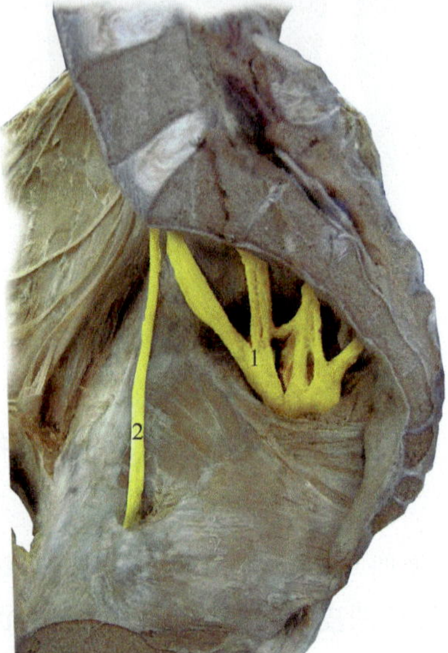

图 15-10 闭孔神经和骶丛

1. 骶丛;2. 闭孔神经

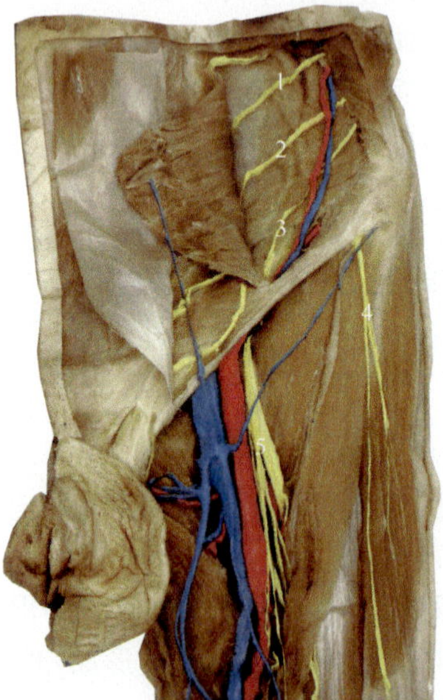

图 15-11 腹股沟区的神经

1. 肋下神经;2. 髂腹下神经;3. 髂腹股沟神经;4. 股外侧皮神经;5. 股神经

（六）骶丛

在盆部-下肢的标本上观察骶丛。第 1～4 骶神经前支由骶前孔穿出，第 5 骶神经前支和尾神经前支经骶管裂孔出骶管，它们在盆腔后壁梨状肌前方与腰骶干共同组成骶丛（图 15-10）。

1. 坐骨神经　出梨状肌下孔，经坐骨结节和股骨大转子之间，至股后部，在股后群肌间下降至腘窝上角分为胫神经和腓总神经（图 15-12）。部分个体坐骨神经呈高位分支（图 15-13）。

图 15-12　下肢的神经（后面观）
1. 阴部神经；2. 股后皮神经；3. 坐骨神经；4. 腓总神经；5. 胫神经

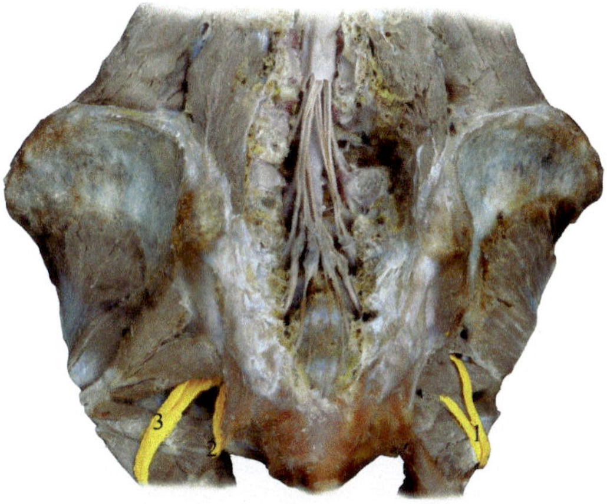

图 15-13　坐骨神经
1. 高位分支的坐骨神经；2. 阴部神经；3. 坐骨神经

（1）胫神经行至小腿后部，经踝管入足底，分足底内、外侧神经（图 15-14）。

（2）腓总神经沿股二头肌内侧下行，绕过腓骨颈外侧，分为腓深神经和腓浅神经。腓深神经在小腿前群肌间下行；腓浅神经行于腓骨长、短肌之间，在小腿中下 1/3 处穿出深筋膜，行向足背（图 15-15）。

坐骨神经记忆歌　腰四五、骶一三，梨下结节大转间，二头深面抵腘窝，胫与腓总两终干。

2. 臀上神经和臀下神经　在臀部，翻开臀大肌和臀中肌，可见二者分别从梨状肌上孔和梨状肌下孔穿出。臀上神经走行臀中肌、臀小肌之间，臀下神经进入臀大肌。

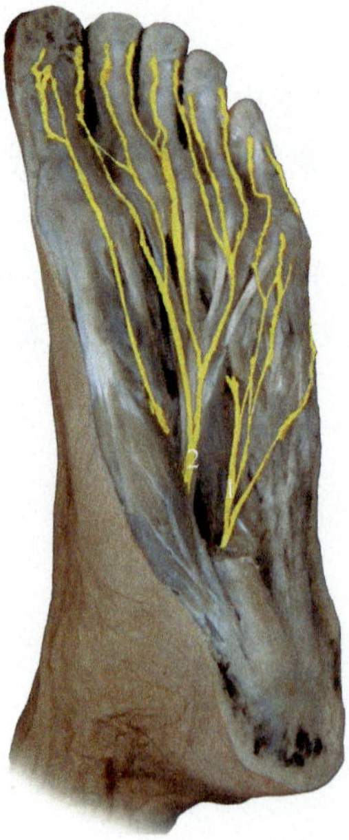

图 15-14　足底的神经

1. 足底外侧神经;2. 足底内侧神经

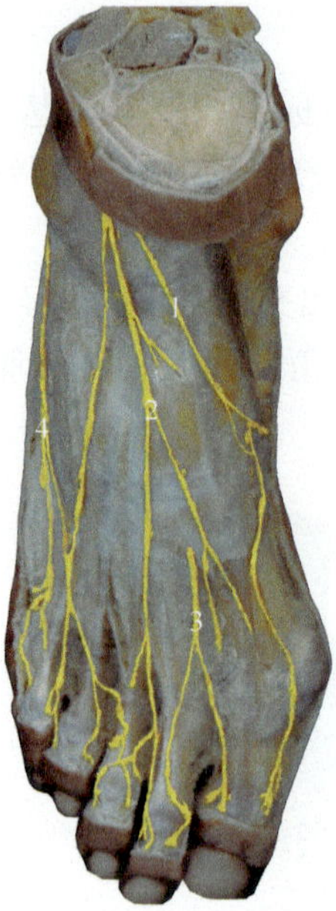

图 15-15　足背的神经

1. 足背内侧皮神经;2. 足背中间皮神经;3. 腓深神经;4. 足背外侧皮神经

3. 阴部神经　出梨状肌下孔,绕过坐骨棘进入坐骨小孔,在坐骨直肠窝处分支至肛管、会阴及外生殖器(图 15-12、图 15-16、图 15-17)。

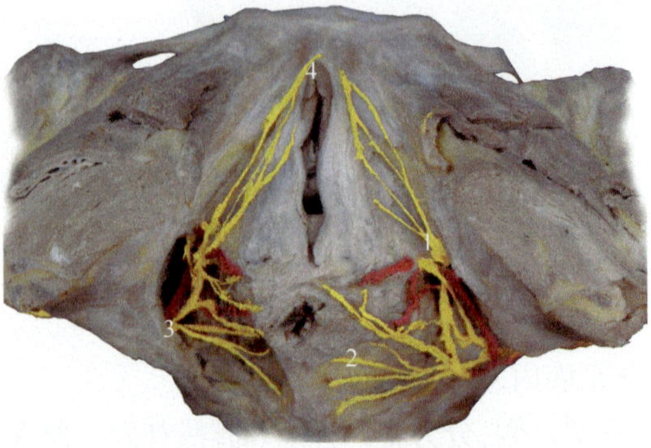

图 15-16　女性会阴部神经

1. 会阴神经;2. 肛神经;3. 阴部神经;4. 阴蒂背神经

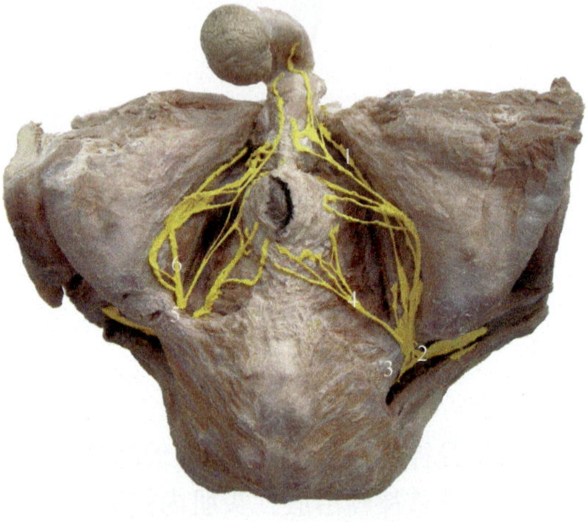

图 15-17　男性会阴部神经

1. 阴茎背神经;2. 阴部神经;3. 骶棘韧带;4. 肛神经;5. 骶结节韧带;6. 会阴神经

第二节 脑 神 经

一、学 习 要 求

掌握12对脑神经的名称、序号、连结脑的部位、进出颅的部位、主干的行程、重要分支分布;了解脑神经损伤后的主要表现。

二、验证学习标本

(1) 颅底骨标本。
(2) 显示脑-脑神经-颅底的头颈部标本。
(3) 显示面神经管和骨半规管的颞骨标本。
(4) 完整脑(带嗅球和视神经、视交叉)标本。
(5) 脑干(带脑神经根)标本。
(6) 头面部正中矢状切标本(保留鼻中隔;示鼻黏膜、嗅丝)。
(7) 眶标本(显露眼肌、眼球及Ⅱ、Ⅲ、Ⅳ、眼神经、Ⅵ等脑神经,需保留睫状神经节及睫状短神经)。
(8) 面部深区标本(显露三叉神经及其分支,包括与之相连副交感神经节)。
(9) 显露腮腺、面神经颅外段分支的面部浅层标本。
(10) 显露迷走神经、舌咽神经、副神经、舌下神经及主要分支的头-颈-胸部标本。
(11) 前庭蜗器模型。
(12) 电动脑干模型。

三、注 意 事 项

(1) 脑神经结构细小,动作需轻巧,勿牵拉、拖提,以免造成损伤和断裂。
(2) 巧用标本,多方位观察不同脑神经或脑神经不同部位。
(3) 应用标本、辅以电动脑干模型,将脑神经与脑神经核知识联系起来。

四、验证性学习

(一) 脑神经的名称与序号

脑神经的名称与序号见表15-2。

脑神经名称与序号记忆歌 Ⅰ嗅Ⅱ视Ⅲ动眼,Ⅳ滑Ⅴ叉Ⅵ外展,Ⅶ面Ⅷ听Ⅸ舌咽,迷副舌下十二全。

(二) 脑神经与脑相连部位和进出颅部位

脑神经与脑相连的部位和进出颅的部位见表15-2。

应用颅底骨标本和脑-脑神经-颅底的头颈部标本辨认12对脑神经进出颅的位置,结合完整脑标本和脑干标本复习脑神经连接脑的部位。

表 15-2　脑神经名称、序号、连脑部位和进出颅部位

<table>
<tr><th>序号</th><th>名称</th><th>性质</th><th colspan="2">连脑部位</th><th>进出颅部位</th></tr>
<tr><td>Ⅰ</td><td>嗅神经</td><td>感觉</td><td colspan="2">端脑</td><td>筛孔</td></tr>
<tr><td>Ⅱ</td><td>视神经</td><td>感觉</td><td colspan="2">间脑</td><td>视神经管</td></tr>
<tr><td>Ⅲ</td><td>动眼神经</td><td>运动</td><td rowspan="2">中脑</td><td>脚间窝</td><td>眶上裂</td></tr>
<tr><td>Ⅳ</td><td>滑车神经</td><td>运动</td><td>下丘下方</td><td>眶上裂</td></tr>
<tr><td rowspan="3">Ⅴ</td><td rowspan="3">三叉神经</td><td rowspan="3">混合</td><td rowspan="6">脑桥</td><td rowspan="3">脑桥基底部与小脑中脚之间</td><td>第1支 眶上裂</td></tr>
<tr><td>第2支 圆孔</td></tr>
<tr><td>第3支 卵圆孔</td></tr>
<tr><td>Ⅵ</td><td>展神经</td><td>运动</td><td rowspan="3">延髓脑桥沟</td><td>眶上裂</td></tr>
<tr><td>Ⅶ</td><td>面神经</td><td>混合</td><td>内耳门　茎乳孔</td></tr>
<tr><td>Ⅷ</td><td>位听神经</td><td>感觉</td><td>内耳门</td></tr>
<tr><td>Ⅸ</td><td>舌咽神经</td><td>混合</td><td rowspan="4">延髓</td><td rowspan="3">橄榄后沟</td><td>颈静脉孔</td></tr>
<tr><td>Ⅹ</td><td>迷走神经</td><td>混合</td><td>颈静脉孔</td></tr>
<tr><td>Ⅺ</td><td>副神经</td><td>运动</td><td>颈静脉孔</td></tr>
<tr><td>Ⅻ</td><td>舌下神经</td><td>运动</td><td>锥体与橄榄间</td><td>舌下神经管</td></tr>
</table>

(三)脑神经主干行程和主要分支分布

1. 嗅神经(Ⅰ)　在头面部正中矢状切标本上观察嗅黏膜,在整脑标本上观察嗅球和嗅束,在颅底骨标本上观察筛孔。

行程:上鼻甲和相应鼻中隔黏膜嗅细胞→嗅丝→筛孔→嗅球(端脑)。

功能:传导嗅觉。

嗅觉受体　人类如何识别和记忆约1万种不同的气味?2004年诺贝尔生理学或医学奖得主理查德·阿克塞尔(Richard Axel)和琳达·巴克(Linda B. Buck)解决了该难题。两位获奖者在1991年宣布他们发现了含约1000个不同基因的大家族,以及这些基因对应着的相同数目的气味受体种类。

由1000种不同基因组成的嗅觉受体基因群,约占人体基因的3%。这些嗅觉受体基因位于嗅觉受体细胞内,每一种嗅觉受体细胞只拥有一种类型的气味受体,每一种受体能探测到有限数量的气味物质。因此,嗅觉受体对某几种气味是高度特异性的。尽管气味受体只有约1000种,但它们可以产生大量组合,从而形成大量的气味识别模式,这也是人类和动物能够辨别和记忆不同气味的基础。

2. 视神经(Ⅱ)　在去除眶上壁和外侧壁的标本上,可见在眼球后极偏内侧粗大的视神经出眼球,经视神经管入颅腔续于视交叉。

视神经不是周围神经 在早期胚胎发育过程中，视泡发育成包括视网膜的未来眼球的部分。视网膜节细胞的轴突通过视泡茎与大脑其他部位的靶器官联系，并形成视神经、视交叉和视束。严格意义上看，起于视网膜、终于外侧膝状体的这束轴突属于中枢神经系统，而传统上将从眼球到视交叉这段命名为视神经。视神经、视交叉和视束内的轴突与其他中枢神经系统的轴突一样，由少突胶质细胞形成髓鞘，而周围神经则由 Schwann 细胞形成髓鞘。

3. 动眼神经（Ⅲ）、滑车神经（Ⅳ）和展神经（Ⅵ） 这 3 对脑神经在行程和神经支配上有相似之处，一并观察可提高学习效率。应用脑干标本、电动脑干模型和眶标本辨认该 3 对神经行程和分支分布（图 15-18），并复习相关的脑神经核。

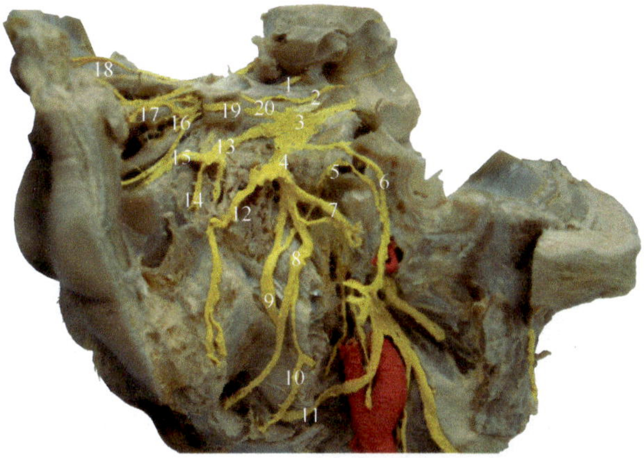

图 15-18 头面部的神经(1)

1. 动眼神经；2. 滑车神经；3. 三叉神经节；4. 下颌神经；5. 鼓索；6. 面神经；7. 耳颞神经；8. 下牙槽神经；9. 舌神经；10. 下颌舌骨肌神经；11. 舌下神经；12. 颊神经；13. 上颌神经；14. 上牙槽神经；15. 眶下神经；16. 睫状神经节；17. 视神经；18. 额神经；19. 展神经；20. 眼神经

动眼神经、滑车神经和展神经行程和分支分布如图 15-19。

4. 三叉神经（Ⅴ） 在脑干标本上可见三叉神经根连于脑桥基底部与小脑中脚之间；在颅底标本上可见三叉神经节位于颞骨岩部前面近尖端的三叉神经压迹处。应用面部深区标本和眶标本观察三叉神经分支分布（图 15-18、图 15-20）。

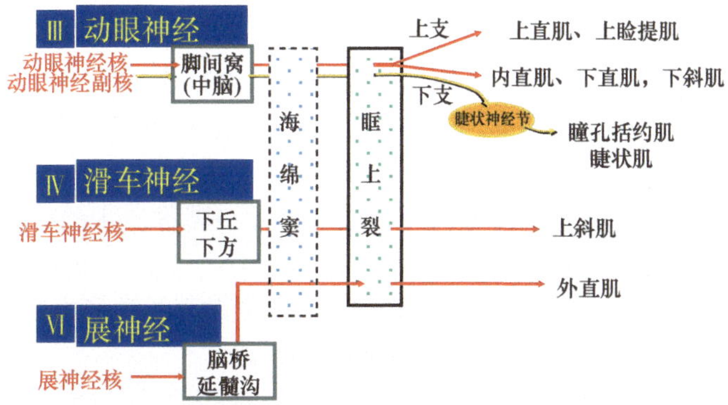

图 15-19 动眼神经滑车神经和展神经行程和分支

(1) 眼神经(感觉性):与动眼神经、滑车神经同行于海绵窦外侧壁,经眶上裂入眶,分为额神经、泪腺神经和鼻睫神经;分布于视器、眼裂以上和鼻背皮肤。

(2) 上颌神经(感觉性):穿海绵窦外侧壁,经圆孔入翼腭窝,进眶下裂续为眶下神经。有眶下神经、颧神经、上牙槽神经、翼腭神经等分支,分布于上颌牙、口、鼻腔黏膜、硬脑膜及睑裂与口之间皮肤。

(3) 下颌神经(混合性):从三叉神经节向前下经卵圆孔出颅达颞下窝,有耳颞神经、颊神经、舌神经、下牙槽神经、咀嚼肌神经等分支,分布于硬脑膜、下颌牙及牙龈、舌前2/3及口腔底黏膜、耳颞区和口裂以下皮肤,咀嚼肌。

5. 面神经(Ⅶ) 综合应用脑干、颞骨、头颈部标本和前庭蜗器模型,观察面神经行程和分支分布。

(1) 行程:延髓脑桥沟外侧部→内耳门→内耳道底→面神经管→茎乳孔出颅→穿腮腺到面部。

神经节有:①翼腭神经节,在面侧区深部,翼腭窝上部,上颌神经下方。②下颌下神经节,在下颌下腺的上方,舌神经下方,与舌神经相连。

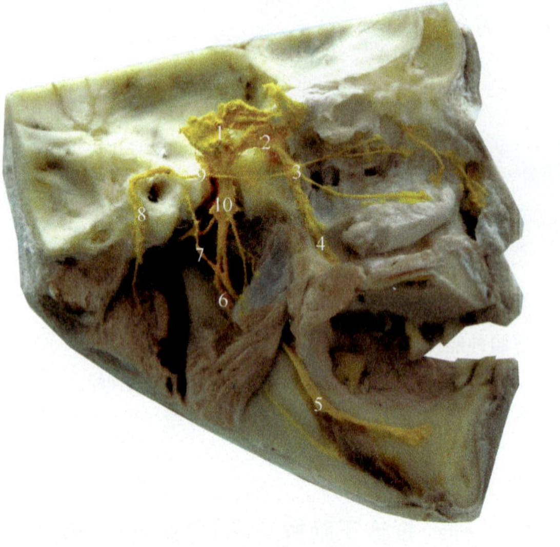

图 15-20 头面部的神经(2)

1. 三叉神经节;2. 上颌神经;3. 翼腭神经节;4. 腭大神经;5. 舌神经;6. 下牙槽神经;7. 鼓索;8. 面神经;9. 岩大神经;10. 耳神经节

(2) 主要分支

1) 鼓索:为面神经管内分支(图 15-18、图 15-20),在颞下窝处见其加入舌神经,分布于舌前2/3味蕾;并在下颌下神经节换元,管理下颌下腺及舌下腺的分泌。

2) 岩大神经:在翼腭神经节换元(图 15-20),管理泪腺、腭及鼻黏膜的腺体分泌。

3) 颅外分支:颞支、颧支、颊支、下颌缘支、颈支,分布于表情肌(图 15-2)。

6. 前庭蜗神经(Ⅷ) 应用脑-脑神经-颅底的头颈部标本、颞骨标本和前庭蜗器模型观察前庭蜗神经。它起自内耳螺旋神经节和前庭神经节,与面神经伴行经内耳道入颅,连于脑干延髓脑桥沟外侧。

7. 舌咽神经(Ⅸ) 取脑干观察,见该神经根连于延髓橄榄后沟上部。在颅底标本观察颈静脉孔,舌咽神经伴迷走神经、副神经从此孔出颅。在头颈部深层标本,先找到茎突和连于茎突的茎突咽肌,舌咽神经在该肌下部后缘处;主要分支有:①舌支→舌后1/3黏膜的一般感觉和味觉。②咽支→咽肌和咽黏膜。③鼓室神经→鼓室丛→岩小神经→耳神经节换元→腮腺。④颈动脉窦支→颈动脉窦和颈动脉小球,反射性地调节血压和呼吸。

耳神经节在面侧深部标本可见,位于卵圆孔下方,紧贴下颌神经内侧(图 15-20)。

8. 迷走神经(Ⅹ) 应用脑干和头-颈-胸部标本学习。

(1) 行程:橄榄后沟中部出脑→经颈静脉孔出颅→颈内静脉与颈内动脉或颈总动脉之间后方→颈根部(图 15-1)。

左迷走神经：左颈总动脉与左锁骨下动脉之间→主动脉弓前方→肺根后方→食管前丛→迷走神经前干→食管裂孔→腹腔（图 15-4）。

右迷走神经：经锁骨下动脉前方→气管右侧→右肺根后方→食管后丛→迷走神经后干→食管裂孔→腹腔。

（2）主要分支

1）颈部分支：喉上神经内支分布咽、会厌舌根及声门裂以上喉黏膜，外支伴甲状腺上动脉下行，支配环甲肌；颈心支→心丛→心脏。

2）胸部分支：左喉返神经绕主动弓、右喉返神经绕右锁骨下动脉→气管食管间沟→喉下神经→喉肌（环甲肌除外）、声门裂以下喉黏膜。

3）腹部分支：迷走神经前干分出肝支分布于肝、胆囊；胃前支分布于胃前壁，“鸦爪”分布于幽门部前壁。迷走神经后干分出腹腔支参加腹腔丛，分布于肝、胆、胰、脾、肾及结肠左曲以上消化管；胃后支分布于胃后壁；“鸦爪”分支分布于幽门部后壁。

9. 副神经（Ⅺ）　在脑干标本上观察副神经连于橄榄后沟下部、迷走神经根丝下方。在颈部标本上，翻开胸锁乳突肌，在乳突下方 3～4cm，可见与该肌相连的副神经，并于该肌后缘上中 1/3 交点处穿出向后下行至斜方肌深面（图 15-1）。

10. 舌下神经（Ⅻ）　在脑干标本上见其连于延髓前外侧沟，经舌下神经管出颅。在颈部深层标本上，先找到颈外动脉下部，钩绕枕动脉后跨过颈外动脉浅面，分布于舌肌的神经即舌下神经（图 15-1）。

颈静脉球瘤　颈静脉球瘤是一种发生于颈内静脉近端的颈静脉球体的肿瘤。球体由嗜铬细胞组成的器官旁神经节，属化学感受器，能监测血液中的 O_2、CO_2 浓度和 pH。这种肿瘤易发生于颈静脉孔，压迫Ⅸ、Ⅹ、Ⅺ对脑神经，导致咽呕吐反射消失、声音嘶哑、吞咽困难、胸锁乳突肌无力等症状，甚至因肿瘤生长侵犯内耳、累及前庭蜗神经，导致听力减退；肿瘤向枕骨大孔扩张压迫舌下神经导致舌瘫。

（四）头面部、颈部部分器官的神经支配

1. 眼球的神经支配

（1）功能神经（视觉）：视神经。

（2）躯体感觉（包括角膜、巩膜）：三叉神经分支——眼神经。

（3）内脏运动：副交感——动眼神经副交感纤维→瞳孔括约肌和睫状肌；交感→瞳孔扩大肌及眼球血管运动。

2. 眼外肌的神经支配

（1）躯体运动：动眼神经→上直肌、内直肌、下直肌、下斜肌及上睑提肌；展神经→外直肌；滑车神经→上斜肌。

（2）本体感觉：眼神经。

3. 眼副器的神经支配

（1）泪腺：面神经经翼腭神经节换元后的节后纤维→腺体分泌。

（2）结膜躯体感觉：眼神经。

4. 鼻的神经支配

（1）功能神经：嗅神经（只分布到嗅区）。

(2) 鼻黏膜躯体感觉:三叉神经分支——上颌神经。

(3) 鼻黏膜内脏运动:面神经→腺体分泌。

(4) 血管:交感神经,随血管分布。

5. 舌的神经支配

(1) 功能神经(味觉):面神经鼓索加入舌神经→舌前2/3味觉;舌咽神经的舌支→舌后1/3味觉。

(2) 舌的躯体感觉:三叉神经的分支——下颌神经;舌神经。

(3) 舌外肌躯体运动:舌下神经。

6. 支配唾液腺分泌的神经

(1) 舌下腺和下颌下腺的分泌:面神经——鼓索。

(2) 腮腺的分泌:舌咽神经。

7. 喉的神经分布

(1) 喉上神经感觉纤维→声门裂以上的喉腔黏膜感觉,运动纤维支配环甲肌。

(2) 喉返神经感觉纤维→声门裂以下的喉腔黏膜感觉,运动纤维支配除环甲肌以外的所有喉肌。

第三节 内脏神经系统

一、学习要求

(1) 了解内脏运动神经和躯体运动神经的主要区别;掌握节前纤维、节后纤维、节前神经元和节后神经元的概念。

(2) 掌握交感神经、副交感神经低级中枢的部位。

(3) 掌握交感干和主要椎前神经节的位置。

(4) 了解交感神经节前纤维和节后纤维走向;掌握灰交通支和白交通支的概念。

(5) 掌握Ⅲ、Ⅶ、Ⅸ、Ⅹ对脑神经中副交感节前纤维的起始、节后神经元部位和节后纤维的分布。

(6) 掌握内脏运动神经对内脏器官的双重支配、交感神经与副交感神经的主要区别。

(7) 掌握内脏感觉神经的特点及牵涉痛的基本概念。

(8) 了解主要内脏神经丛名称和位置。

二、验证学习标本

(1) 内脏神经系统模型。

(2) 颈-胸-腹-盆壁标本(显示交感干,内脏大、小神经,交通支,椎前神经节,腹腔神经丛,盆丛,盆内脏神经和迷走神经)。

(3) 眼眶标本(显示睫状神经节,第Ⅲ对脑神经)。

(4) 头颈部标本(显示第Ⅶ、Ⅸ、Ⅹ对脑神经,下颌下神经节,翼腭神经节和耳神经节)。

三、注意事项

(1) 动作轻巧,避免牵拉造成细小分支的损伤和断裂。

(2) 内脏神经多成丛分布,难以分清主干,结合模型和图谱观察标本、便于理解。

四、验证性学习

(一) 躯体运动神经和内脏运动神经的区别

躯体运动神经和内脏运动神经在支配器官、低级中枢部位、神经数目和神经纤维分布形式上均有显著不同。

联系生活实例(如心脏的跳动),理解内脏运动神经又称自主神经、植物神经的缘由。

(二) 交感神经和副交感神经的区别

内脏运动神经分为交感神经和副交感神经,它们生理功能相拮抗,在低级中枢部位、神经节部位、节前纤维与节后纤维比例上也有差别。

联系实际(如人体在紧张应激状态下的表现),理解交感神经与副交感神经的不同作用。

(三) 交感神经

观察内脏神经系统模型和颈-胸-腹-盆壁标本;辨认交感干、交通支(图 15-4)、内脏大神经和内脏小神经。

通过画图理解白交通支和灰交通支。

分别在腹腔干、肾动脉、肠系膜上动脉和肠系膜下动脉起始处,辨认腹腔神经节、主动脉肾节、肠系膜上神经节和肠系膜下神经节。

(四) 副交感神经

中枢部位于脑干和骶髓第 2 ~4 节。周围部包括颅部和骶部。

颅部副交感神经的节前纤维走在第Ⅲ、Ⅶ、Ⅸ、Ⅹ对脑神经内,随上述 4 对脑神经至相应的副交感神经节。复习脑神经的相关内容,此处不赘述。

骶部副交感神经的节前纤维起自脊髓骶 2 ~4 节段的骶副交感核,随骶神经出骶前孔,又从骶神经分出,构成盆内脏神经,加入盆丛。节后纤维支配结肠左曲以下的消化管、盆腔脏器和外阴。

(五) 内脏感觉神经

联系实际理解内脏感觉神经特点:痛阈较高;对切割等刺激不敏感,但对牵拉、膨胀、冷热、缺血等刺激则十分敏感;定位不准确。

(六) 内脏神经丛

交感神经、副交感神经和内脏感觉神经交织在一起,构成内脏神经丛。在模型和标本上观察:

1. 心丛　主动脉弓下方及其与气管杈之间→心肌。

2. 肺丛　肺根的前、后方→肺。

3. 腹腔丛　围绕腹腔干和肠系膜上动脉根部→腹腔各器官。

4. 腹主动脉丛　腹主动脉表面→结肠左曲至直肠上段。

5. 上腹下丛　第 5 腰椎体前面→盆腔器官。

6. 下腹下丛(盆丛)　直肠两侧→盆腔器官。

(赵小贞　朱　珠)

思 考 题

1. 为什么膈神经似乎违背生物进化的能量节约原则,起自远离膈肌的颈丛?

2. 分别解析肱骨外科颈、肱骨中段、肱骨内上髁、腓骨颈骨折可能出现的临床症状。

3. 听神经瘤可能累及哪些脑神经?出现什么临床症状?为什么?

4. 在眼科手术中,有出现心动过缓、脉搏变慢,甚至危及生命的现象,其解剖学基础何在?

5. 为什么交感神经和副交感神经节前神经元和节后神经元的比例不同?为什么交感神经和副交感神经节前纤维和节后纤维的长短不同?

6. 为什么内脏运动神经从低级中枢到效应器需要"换元"?

7. 为什么胆囊炎患者出现右肩疼痛?

第十六章　神经系统传导通路

一、学 习 要 求

1. 本体感觉传导通路　掌握躯干和四肢本体感觉传导通路的组成、各级神经元胞体所在的部位及纤维束在中枢内的位置和大脑皮质的投射区；了解脊髓本体觉传导束。

2. 痛、温、触(浅)**感觉的传导通路**　掌握躯干和四肢痛、温觉及粗触觉传导通路的组成、各级神经元胞体所在的部位及纤维束在中枢位置和大脑皮质的投射区；了解头面部痛觉、触觉通路的组成，各级神经元胞体的位置及纤维束在中枢的位置和大脑皮质的投射区。

3. 视觉和瞳孔对光反射的传导通路　掌握视觉传导路的组成及大脑皮质的投射区；了解瞳孔对光反射的径路。

4. 听觉传导通路　了解听觉传导路组成及大脑皮质的投射区。

5. 锥体系　掌握锥体系的组成、行径、交叉及其对各运动核的支配。

6. 锥体外系　了解锥体外系的概念、组成、纤维联系和功能。

二、验证学习标本

(1) 脊髓整体外形标本。

(2) 各脊髓节断面切片。

(3) 脑干各部位代表性断面切片。

(4) 脑正中矢状切标本。

(5) 经内囊断面(端脑水平切及冠状切标本)。

(6) 脑外形标本。

三、注 意 事 项

将已学过的结构纵向串联，在学习中注意：传导通路中起止部位和性质；通路中有几级神经元及其位置；纤维束交叉部位；经过内囊的部位。

四、验证性学习

(一) 感觉性传导通路的共同特性

感觉性传导通路的共同特性见图 16-1。

1. 本体感觉传导通路　躯干和四肢本体感觉传导通路。

(1) 意识性本体感觉传导通路：见图 16-2。

(2) 非意识性本体感觉传导通路：见图 16-3。

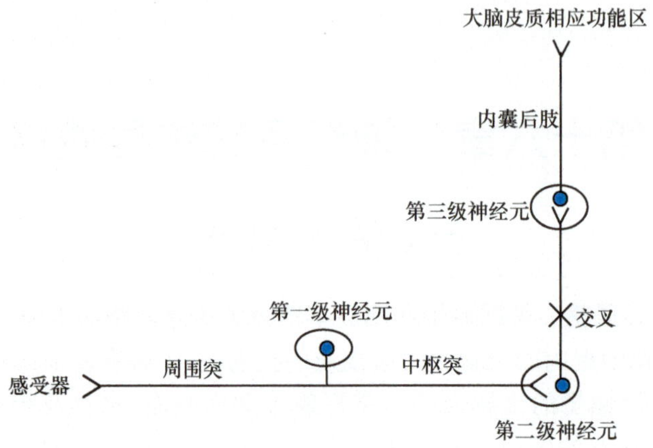

图 16-1　感觉性传导通路的共同特性

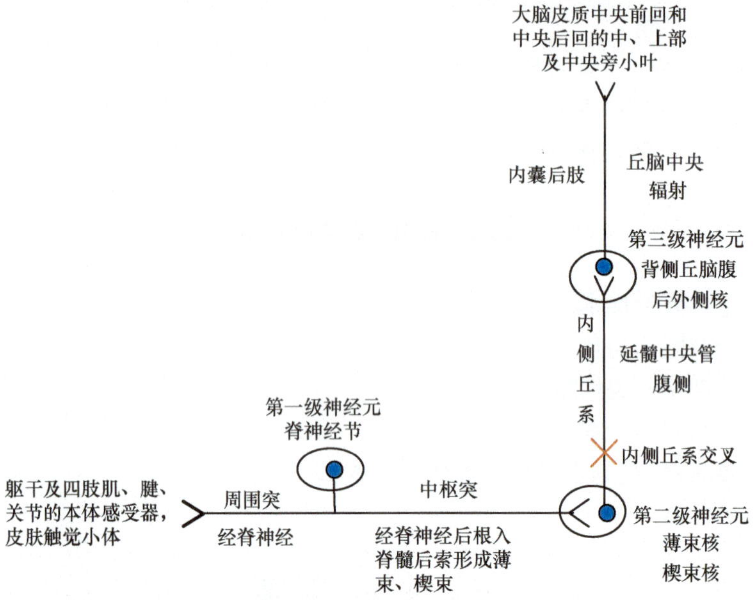

图 16-2　躯干和四肢意识性深感觉传导通路

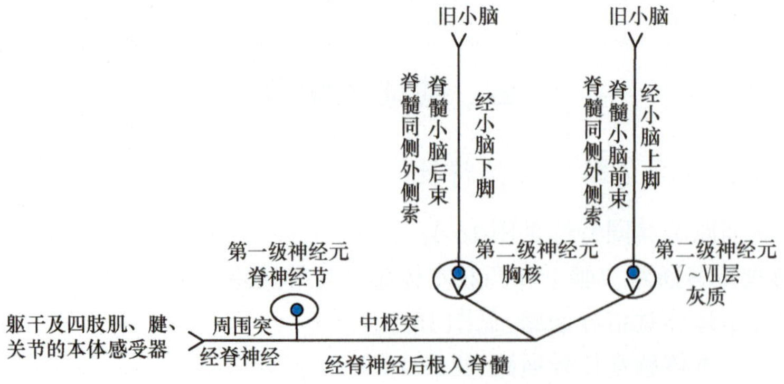

图 16-3　躯干和四肢非意识性深感觉传导通路

2. 痛觉、温觉及粗触觉(浅感觉)传导通路

(1) 躯干和四肢浅感觉传导通路:见图 16-4。

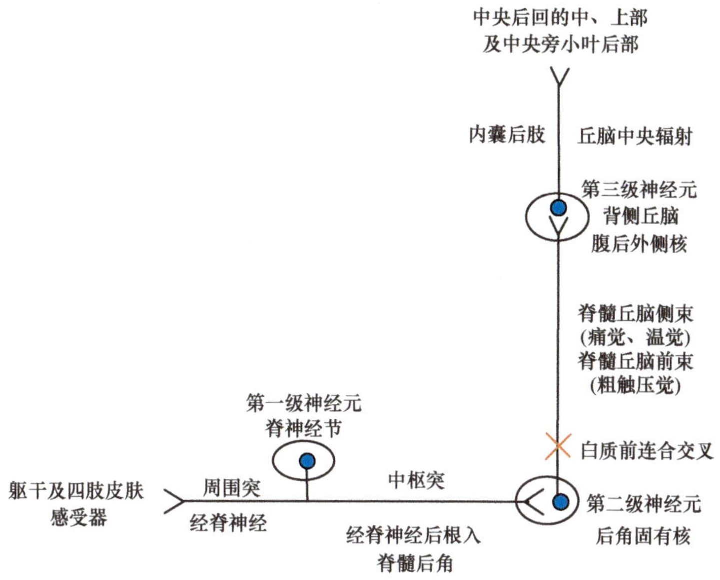

图 16-4 躯干和四肢浅感觉传导通路

(2) 头面部痛觉、温觉及粗触觉传导通路:见图 16-5。

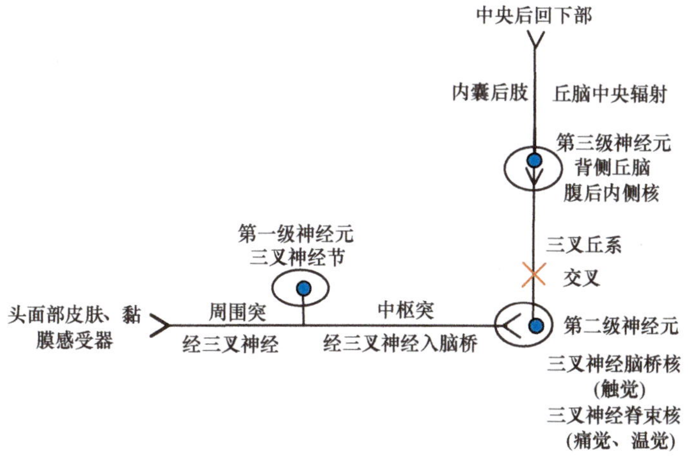

图 16-5 头面部浅感觉传导通路

3. 视觉和瞳孔对光反射的传导通路 见图 16-6。

4. 听觉传导通路 见图 16-7。

外侧丘系以上的听觉传导来自两耳的听觉冲动,故一侧外侧丘系、听辐射或听觉中枢损伤,不致产生明显的听觉障碍。

(二) 运动性传导通路的共同特性

运动性传导通路的共同特性见图 16-8。

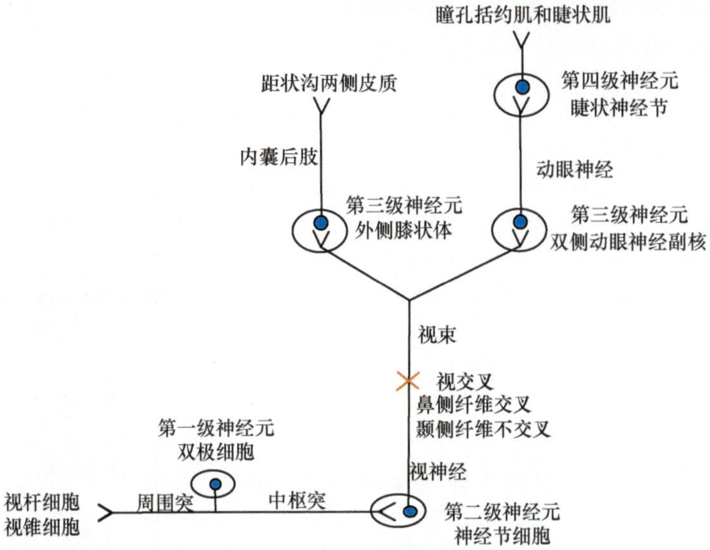

图 16-6　视觉和瞳孔对光反射传导通路

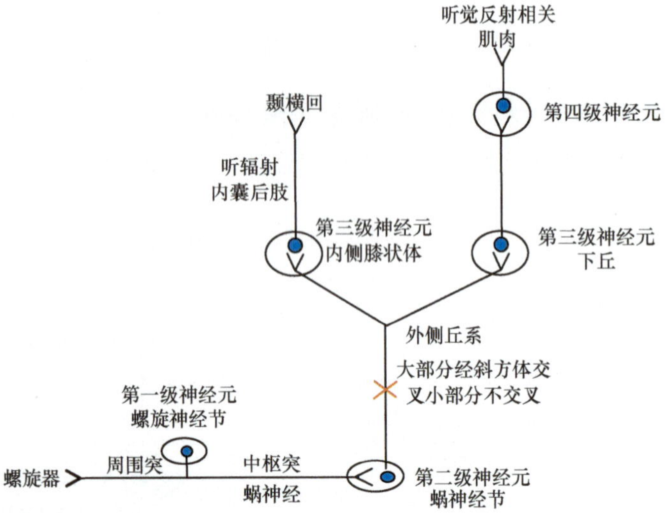

图 16-7　听觉及听觉反射传导通路

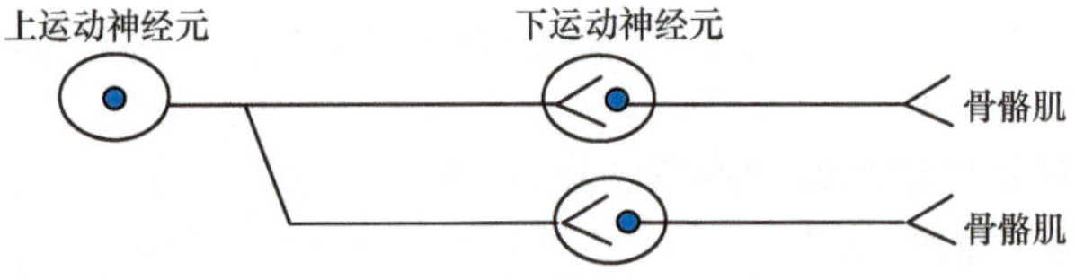

图 16-8　运动传导通路的共同特性

1. 锥体系　锥体系的组成、行径、交叉及其对各运动核的支配情况。

(1) 皮质脊髓束传导通路:见图 16-9。

(2) 皮质核束传导通路:见图 16-10。

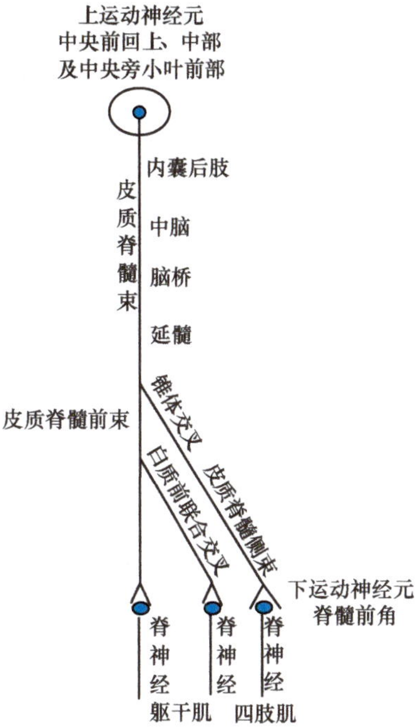

图 16-9 皮质脊髓束传导通路

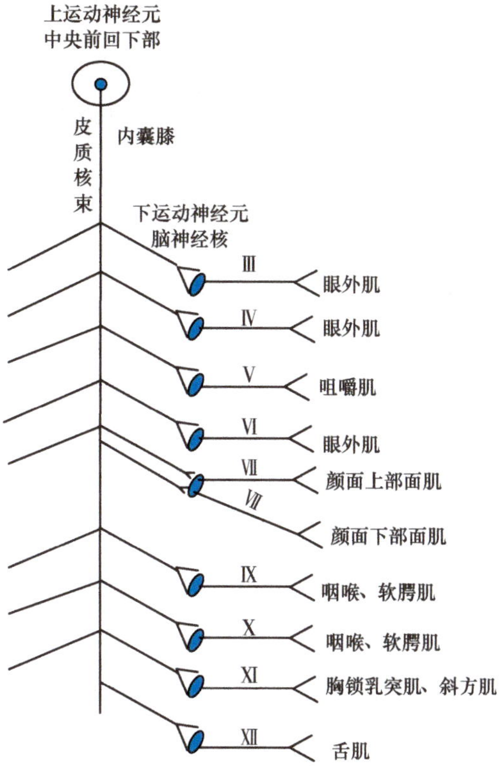

图 16-10 皮质核束传导通路

2. 锥体外系 锥体外系的概念、组成、纤维联系和功能。

(范小兰)

思 考 题

为什么感觉传导通路要经数级神经元中继?

第十七章　脑和脊髓被膜、血管、脑脊液循环

第一节　脑和脊髓被膜

一、学习要求

（1）掌握脊髓被膜的形态特征、蛛网膜下隙和硬膜外隙的概念；了解齿状韧带。

（2）掌握脑被膜的形态特征，硬脑膜的组成特点、形成物（大脑镰、小脑幕），硬脑膜窦的概念和海绵窦的位置、内容物和交通；了解其他硬脑膜窦的位置和交通。掌握脑蛛网膜、蛛网膜下隙和蛛网膜粒；了解软脑膜和脉络丛。

二、验证学习标本

（1）脊髓被膜的标本。

（2）显示上矢状窦、下矢状窦、横窦、直窦、窦汇的硬脑膜标本。

（3）显示乙状窦和海绵窦的颅底硬脑膜标本。

（4）端脑的正中矢状切标本。

三、注意事项

（1）结合颅骨结构寻认硬脑膜窦所在位置。

（2）注意保护蛛网膜及相连脑神经。

四、验证性学习

脑和脊髓的表面有3层被膜，由外向内依次为硬膜、蛛网膜和软膜，有保护、支持脑和脊髓的作用。注意观察脊髓和脑的被膜层次关系，各层被膜之间的间隙（硬膜外隙、硬膜下隙和蛛网膜下隙），硬脑膜形成的结构如大脑镰、小脑幕、鞍膈等。

（一）硬膜

硬膜位于最外面，厚而坚韧；开颅时，可见贴附在颅骨内面较厚的坚韧致密的膜：①在颞部撕开硬脑膜对光亮处观察，可见脑膜中动脉的分支；②硬脑膜在相当于颅骨矢状缝处有一形如镰刀状的皱襞伸入大脑纵裂中，称为大脑镰；③在相当于横窦沟处的硬脑膜伸入大脑横裂之间，称为小脑幕；④硬脑膜在某些部位两层分开，形成硬脑膜窦。注意海绵窦的位置，观察穿经海绵窦的神经（图17-1～图17-4）。

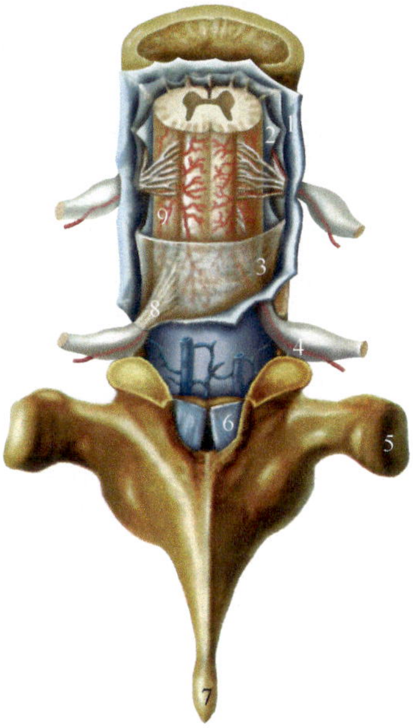

图 17-1　脊髓的被膜(后面观)

1. 硬脊膜;2. 齿状韧带;3. 脊髓蛛网膜;4. 脊神经节;5. 横突;6. 黄韧带;7. 棘突;8. 脊神经后根;9. 软脊膜

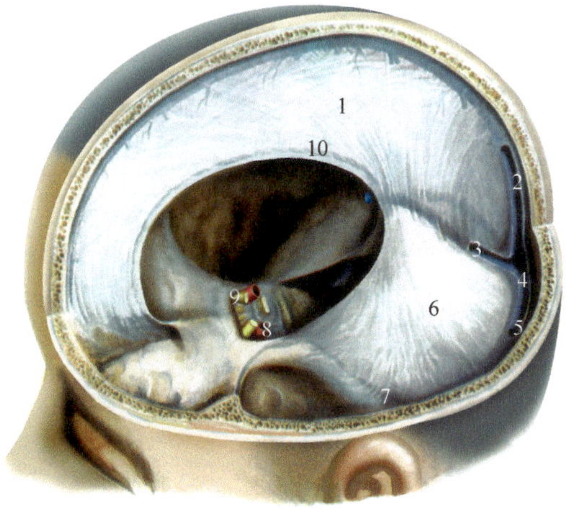

图 17-2　硬脑膜及硬脑膜窦(侧面观)

1. 大脑镰;2. 上矢状窦;3. 直窦;4. 窦汇;5. 横窦;6. 小脑镰;7. 小脑幕;8. 视神经;9. 颈内动脉;10. 下矢状窦

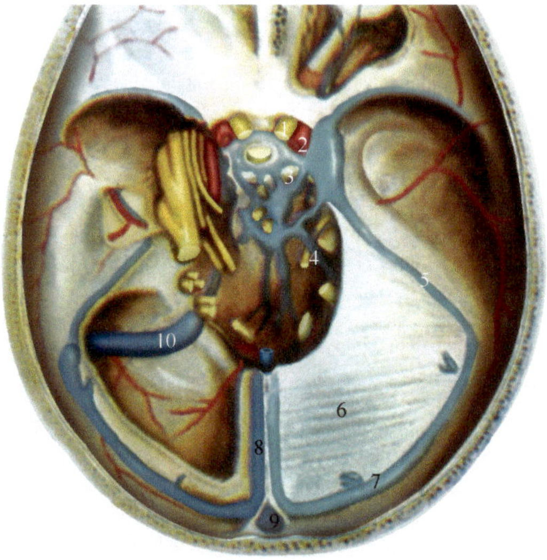

图 17-3　小脑幕及颅底的静脉窦（上面观)

1. 视神经;2. 颈内动脉;3. 海绵窦;4. 岩下窦;5. 岩上窦;6. 小脑幕;7. 横窦;8. 直窦;9. 窦汇;10. 乙状窦

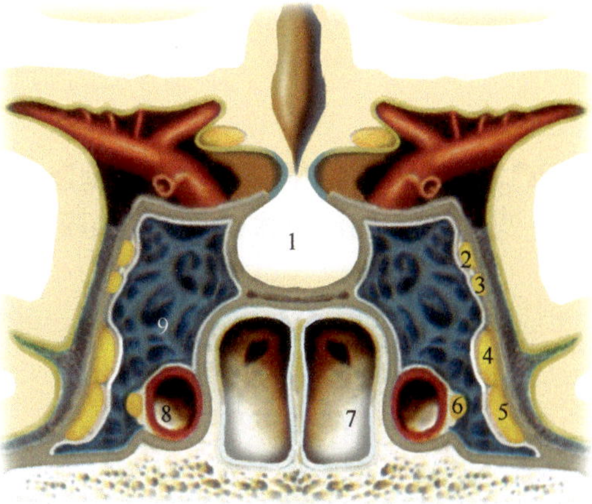

图 17-4　海绵窦(冠状切面)

1. 垂体;2. 动眼神经;3. 滑车神经;4. 眼神经;5. 上颌神经;6. 展神经;7. 蝶窦;8. 颈内动脉;9. 海绵窦

(二) 蛛网膜

蛛网膜是位于硬膜深面透明的薄膜,跨越脑和脊髓的沟裂。在上矢状窦两旁,蛛网膜结构向上矢状窦突入,形成蛛网膜粒。蛛网膜与软膜之间的间隙称为蛛网膜下隙。

(三) 软膜

软膜很薄,富含血管,紧贴于脑和脊髓表面,伸入沟裂内。软脊膜在脊神经前后根间形成齿状韧带,附于蛛网膜和硬脊膜,固定脊髓。

脑和脊髓被膜学习口诀 外硬内软连蛛网;手术麻醉硬外腔;网膜下隙脑脊液;终池腰穿髓不伤。

第二节 脑和脊髓血管

一、学习要求

(1) 掌握颈内动脉、椎-基底动脉的行径、分支和供血范围。

(2) 掌握大脑动脉环的组成和位置;了解脑的静脉分布概况。

(3) 了解脊髓的动脉和静脉分布概况。

二、验证学习标本

(1) 脑的动脉标本。

(2) 脑的静脉标本。

(3) 脊髓的动脉标本。

三、注意事项

(1) 注意观察椎-基底动脉系和颈内动脉系的分布范围,并关注大脑动脉环。

(2) 观察大脑浅静脉和注入硬脑膜窦的位置。

四、验证性学习

(一) 脑的血管

1. 脑的动脉 脑的动脉来源于颈内动脉和椎动脉。

(1) 颈内动脉的主要分支

1) 大脑前动脉:在视神经上方行向前内,进入大脑纵裂,两侧借前交通动脉相连、沿胼胝体背侧向后分布于顶枕沟以前的大脑内侧面、额叶底面、背外侧面上缘。

2) 大脑中动脉:进入半球外侧沟,行向后外,分布于大脑背外侧面大部、岛叶,发中央支至尾状核、豆状核、内囊膝和后肢。

3) 脉络丛前动脉:沿视束下面行向后外,经大脑脚与海马旁回的钩之间进入侧脑室下角,终止于脉络丛。

4）后交通动脉：在视束下面行向后，与大脑后动脉吻合。

（2）椎动脉的主要分支

1）大脑后动脉：绕大脑脚向后，沿海马旁回的钩至颞叶和枕叶的内侧面。

2）脊髓前、后动脉：左、右脊髓前动脉在延髓腹侧合成一干，沿前正中裂下行。脊髓后动脉绕延髓两侧向后走行，沿脊神经后根下行。

3）小脑下后动脉：在平橄榄下端附近发出，向后外行经延髓与小脑扁桃体间。

4）小脑下前动脉：自基底动脉起始段发出，经展神经、面神经核前庭蜗神经腹侧达小脑下面。

5）迷路动脉：伴随面神经和前庭蜗神经进入内耳道。

6）脑桥动脉：脑桥基底部上的一些细小分支。

大脑动脉环（Willis 环）由两侧大脑前动脉起始段、前交通动脉、两侧颈内动脉末段、两侧大脑后动脉、两侧的后交通动脉组成；位于脑底下方和蝶鞍上方，环绕视交叉、灰结节及乳头体周围。

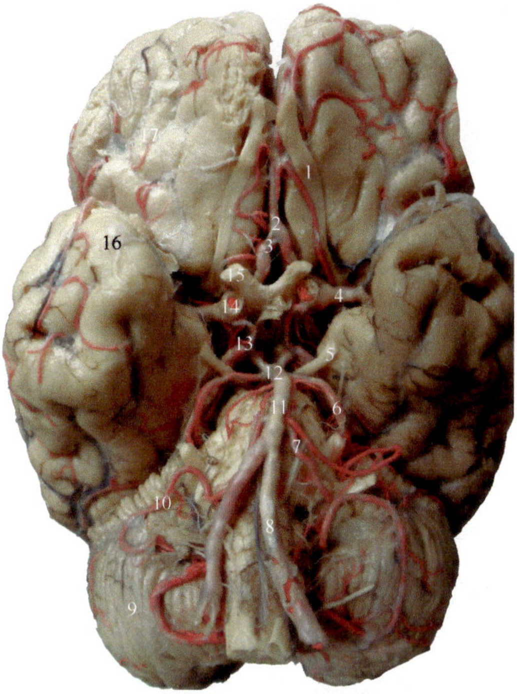

图 17-5　脑底的动脉（底面观）

1. 嗅束；2. 大脑前动脉；3. 前交通动脉；4. 大脑中动脉；5. 动眼神经；6. 小脑上动脉；7. 小脑下前动脉；8. 椎动脉；9. 小脑；10. 小脑下后动脉；11. 基底动脉；12. 大脑后动脉；13. 后交通动脉；14. 颈内动脉；15. 视神经；16. 颞叶；17. 额叶

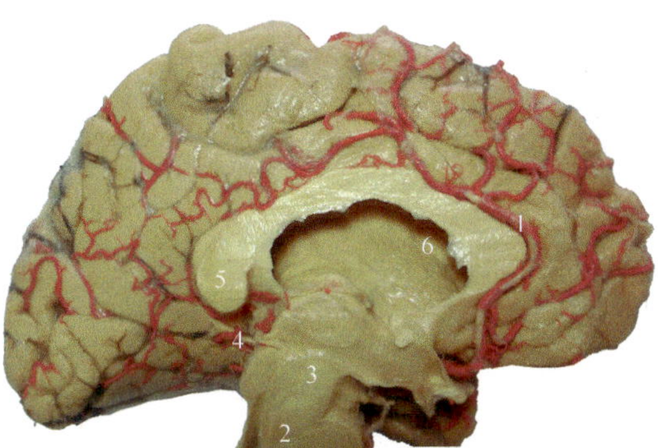

图 17-6　大脑半球的动脉（内面观）

1. 大脑前动脉；2. 脑桥；3. 中脑；4. 大脑后动脉；5. 胼胝体；6. 侧脑室

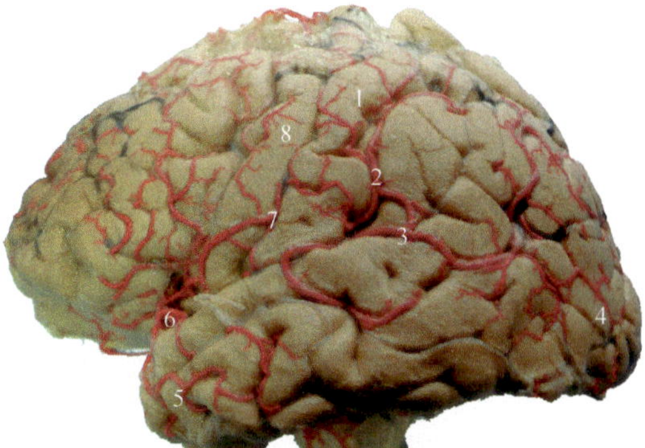

图 17-7　大脑的动脉（外侧面观）

1. 中央后回；2. 中央后沟动脉；3. 角回动脉；4. 枕叶；5. 颞叶；6. 大脑中动脉；7. 中央沟动脉；8. 中央前回

2. 脑的静脉　脑静脉和脑动脉多不伴行。脑的静脉和硬脑膜窦无完整的静脉瓣，但在某些部位（如上矢状窦的静脉入口处）存在起导流作用的瓣状结构（图 17-9）。

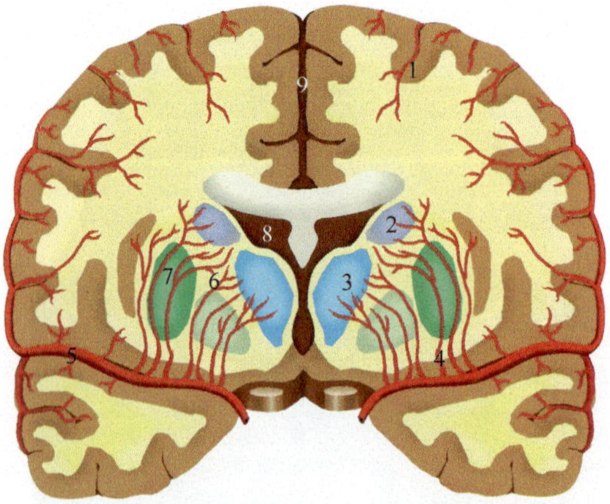

图 17-8　大脑中动脉的皮质支和中央支

1. 皮质支;2. 尾状核;3. 背侧丘脑;4. 中央支;5. 大脑中动脉;6. 内囊;7. 壳;8. 侧脑室;9. 大脑纵裂

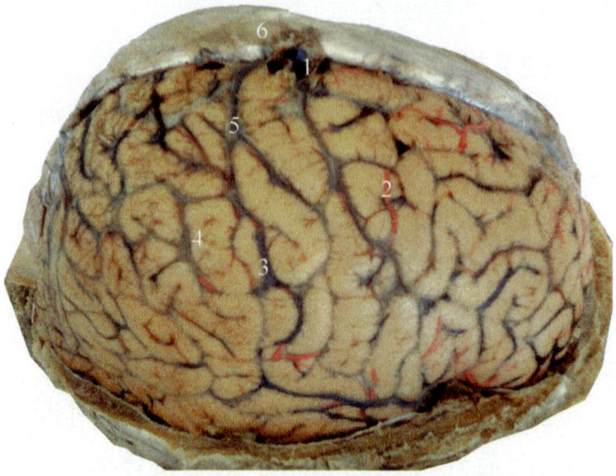

图 17-9　大脑浅静脉(外侧面观)

1. 上矢状窦;2. 大脑中动脉皮质支;3. 大脑浅静脉;4. 脑回;5. 脑沟;6. 硬脑膜

(二) 脊髓的血管

1. 脊髓的动脉　脊髓的血液供应十分丰富,代谢的活跃程度仅次于脑。

脊髓的血液供应主要有两个来源,即椎动脉和节段性动脉。椎动脉的脊椎前、后动脉在下行过程中,不断得到节段性动脉分支的增补。脊髓前、后动脉之间借环绕脊髓表面的吻合支互相交通,形成动脉冠。第 4 胸椎与第 1 腰椎是缺血性脊髓损害的高发区。

2. 脊髓的静脉　脊髓静脉较动脉多而粗,经前根、后根静脉注入硬膜外隙的椎内静脉丛。

第三节　脑脊液循环

一、学习要求

(1) 掌握脑脊液的概念和脑脊液的循环途径,脑室系统的组成、位置和交通。

(2) 自学脑的屏障。

二、验证学习标本

(1) 脑室的铸型标本。

(2) 脑正中矢状切面的标本。

(3) 显示脉络丛的侧脑室标本。

三、注意事项

(1) 注意观察侧脑室脉络丛的外形。

(2) 注意观察脑室的铸型,理解各脑室的位置和交通。

四、验证性学习

脑脊液的循环途径如图 17-10 所示。

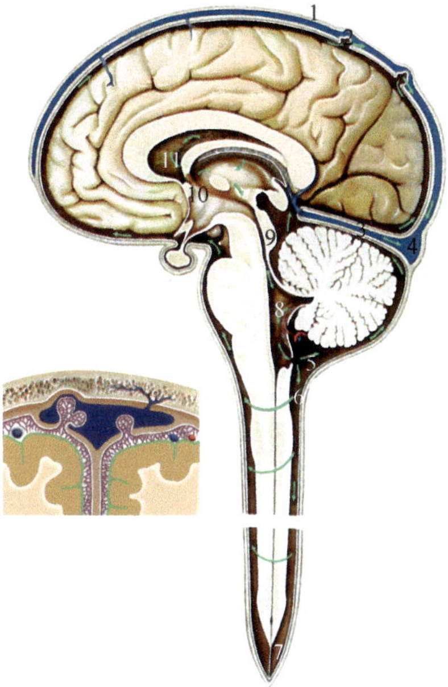

图 17-10 脑脊液循环模式(侧面观)

1. 硬脑膜;2. 蛛网膜粒;3. 直窦;4. 窦汇;5. 小脑延髓池;6. 蛛网膜下隙;
7. 终池;8. 第四脑室;9. 中脑水管;10. 室间孔;11. 侧脑室

左、右侧脑室脉络丛产生的脑脊液,经左、右室间孔流入第三脑室,与第三脑室脉络丛产生的脑脊液一起,经中脑水管流入第四脑室,然后与第四脑室脉络丛产生的脑脊液一起经第四脑室正中孔和两外侧孔流入蛛网膜下隙,最后经蛛网膜粒渗入硬脑膜窦中,汇入颈内静脉。

(林如英 叶祥光)

思 考 题

1. 硬膜外隙为什么是麻醉常用的部位之一,有哪些优点?
2. 颅底骨折可能会出现嗅觉障碍,请用解剖学知识解释原因。
3. 老年人情绪激动为什么容易引发脑卒中?
4. 描述大脑动脉环的组成、位置和功能意义。
5. 脑脊液循环路径受阻时,可能的后果是什么?